関東の美しい神社

戸部民夫 著

X-Knowledge

目次

撮影：藤田慎一郎　装丁：木庭貴信＋岩元萌（オクターヴ）
イラスト：鴨井猛　印刷・製本：図書印刷

コラム 一 神社を構成するもの

境内を構成するものは、それぞれに役割や意味を持っています。その違いを楽しめたら、あなたも神社上級者。

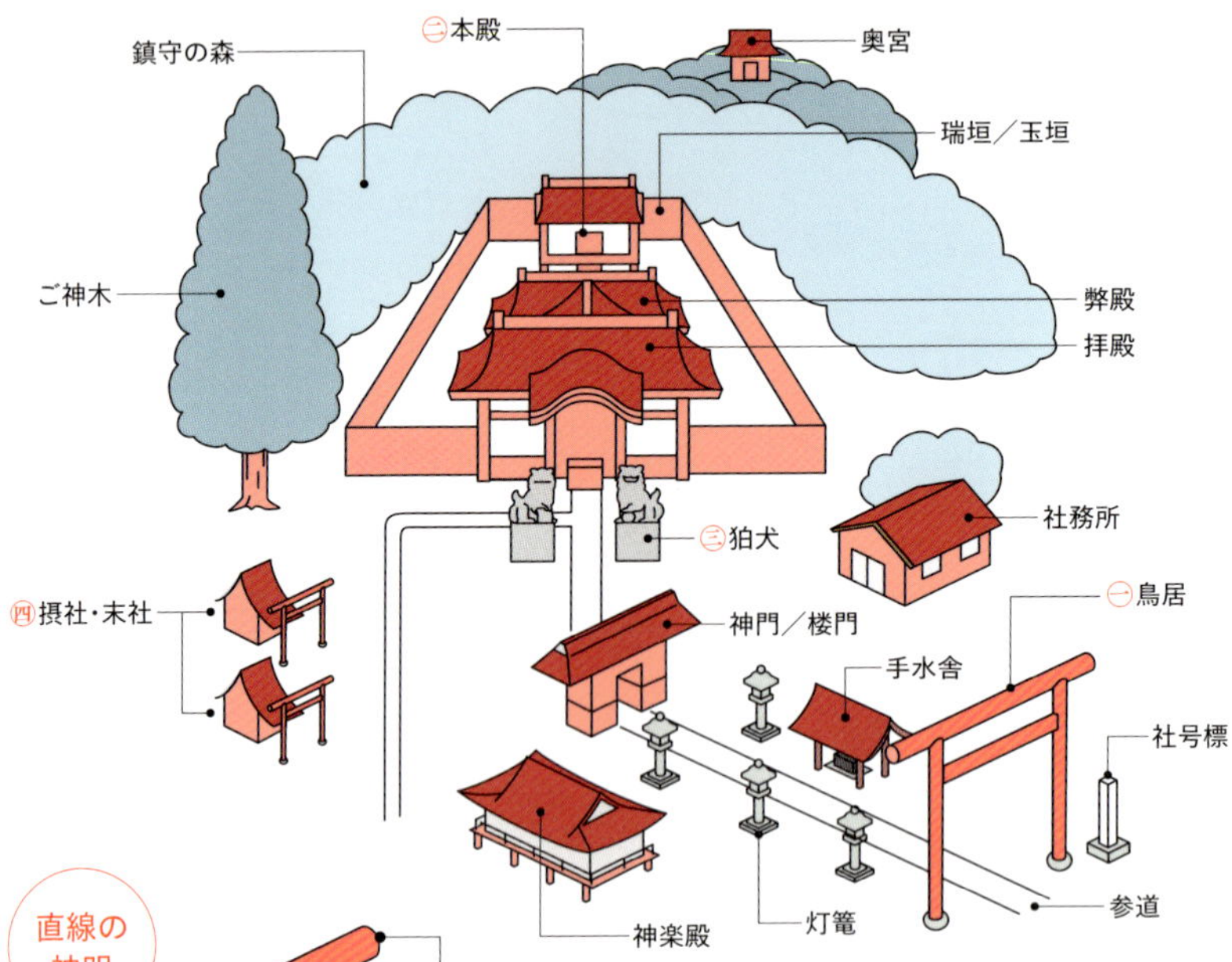

一、鳥居

鳥居は神社の目印であり、境内への入口・門の役割も果たしています。形式は大別すると神明《しんめい》鳥居、明神《みょうじん》鳥居の2系統。各部位の造りの違いで両部《りょうぶ》鳥居、山王《さんのう》鳥居など多くの変化形があり、材質も木・石・青銅・陶など様々です。

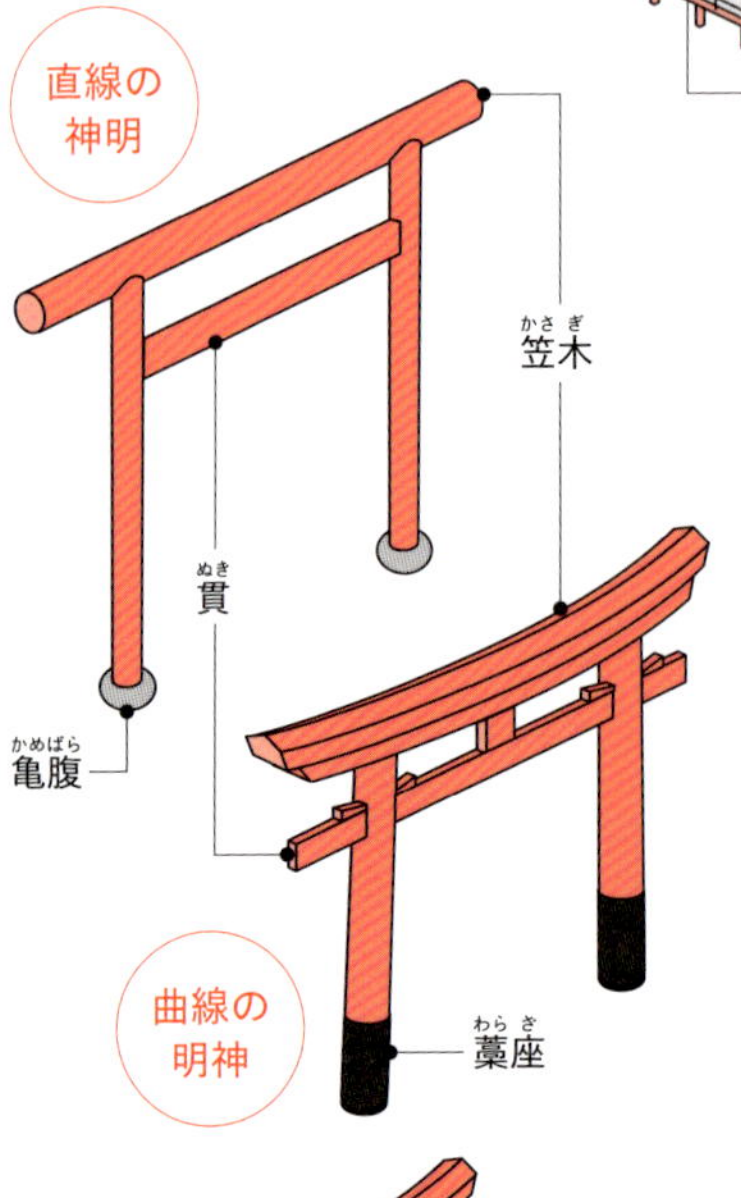

4本足で根を張る
大前神社
(p.140)など

冠のような装飾
日枝神社
(p.86)など

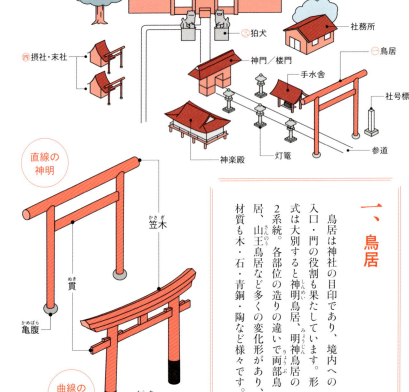

二、本殿

普段参拝している拝殿の奥には、神様が鎮座する本殿があります。その建築様式は神社によって異なり、屋根の形で見分けることができます。例えば関東でポピュラーなのは流《ながれ》造で、屋根の前方が長く伸びているのが特徴。ほかに本殿・相（石）の間・拝殿が一体化した権現《ごんげん》造などがあり、形式の違いと共に彫刻や装飾の豪華さも見ものです。

権現造

日光東照宮（p.104）など

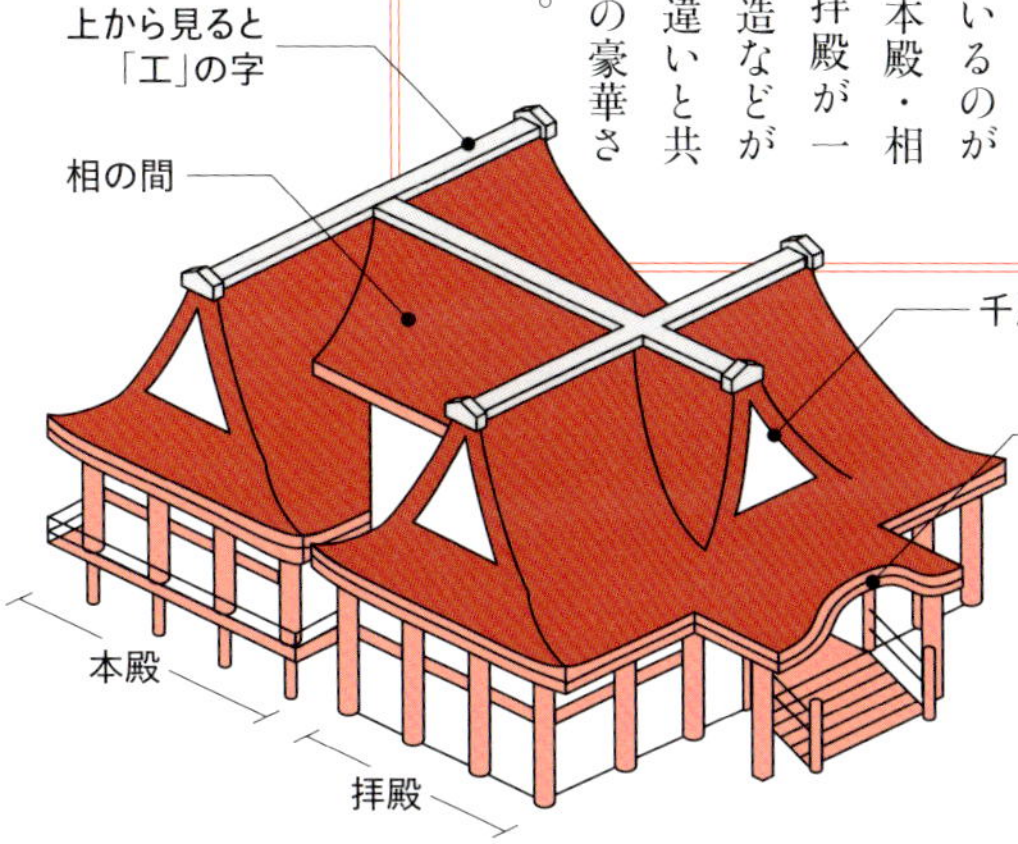

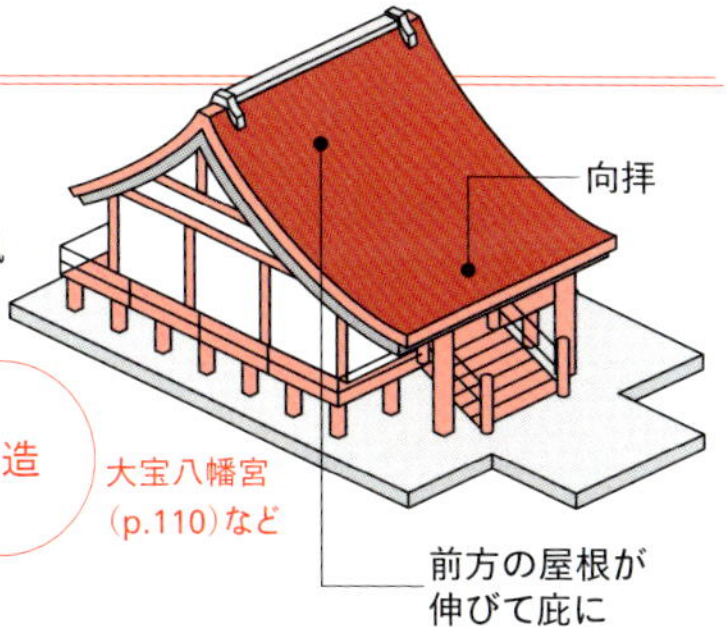

流造

大宝八幡宮（p.110）など

春日造

優雅で
象徴的な美しさ
三峯神社（p.58）など

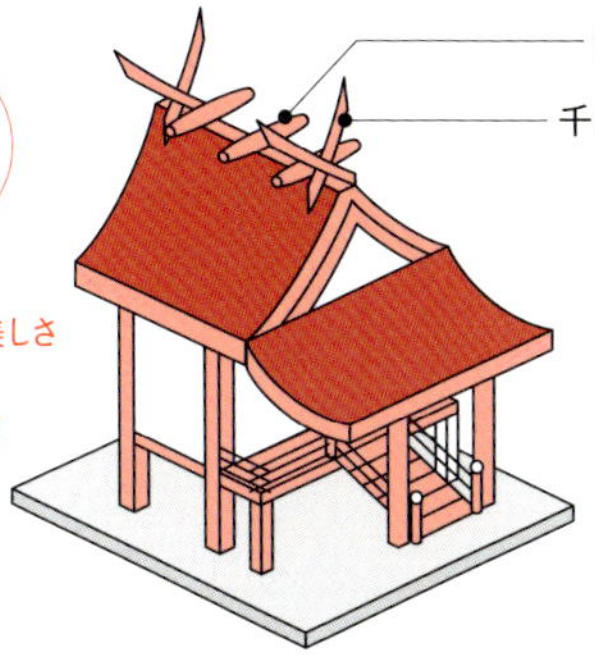

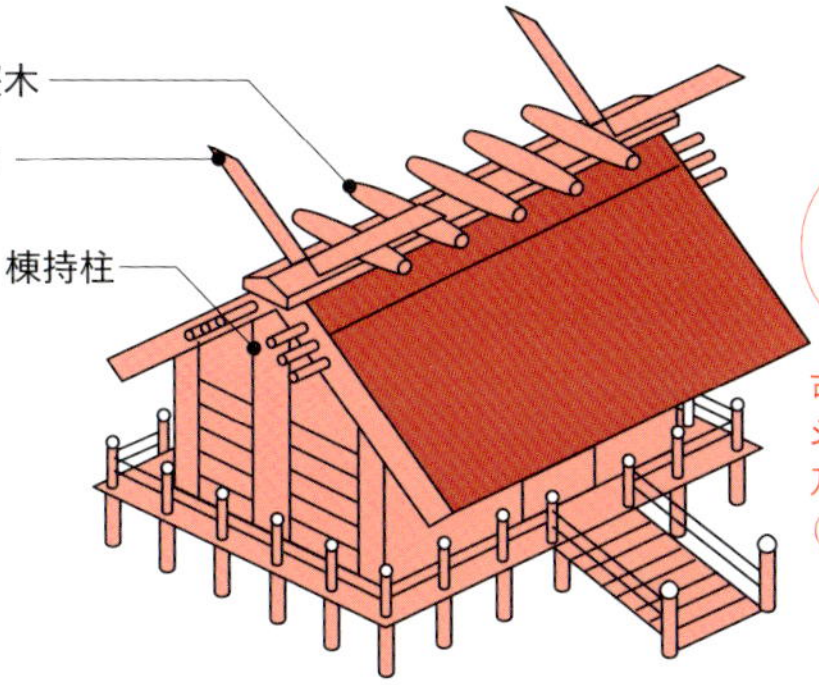

神明造

古式を伝える
シンプルな美
乃木神社（p.40）など

三、狛犬・神使

狛犬は神前を守護する魔除けの架空聖獣です。向かって右の獅子（阿形《あぎょう》）、左の狛犬（吽形《うんぎょう》）で一対になっています。「玉乗り」「子持ち」などデザインは多種多様。神社によっては三峯神社（58頁）のオオカミのように、祭神の神使の動物が置かれている場合もあります。

四、摂社・末社

摂社は主祭神の夫婦神、御子神、親神など親族関係の神様やその土地に古くから祀られている地主神などを祀る社。末社は大きな神社の有力神を勧請して祀る場合が多く、お参りすればより深く神社に親しめます。

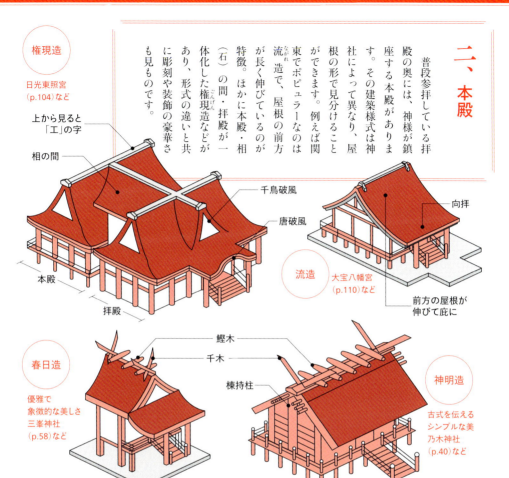

コラム 二 神様の系図

本書掲載神社のご祭神を中心に、主要な神様を解説。名前は複雑に見えますが、それぞれにわかりやすい特徴があります。

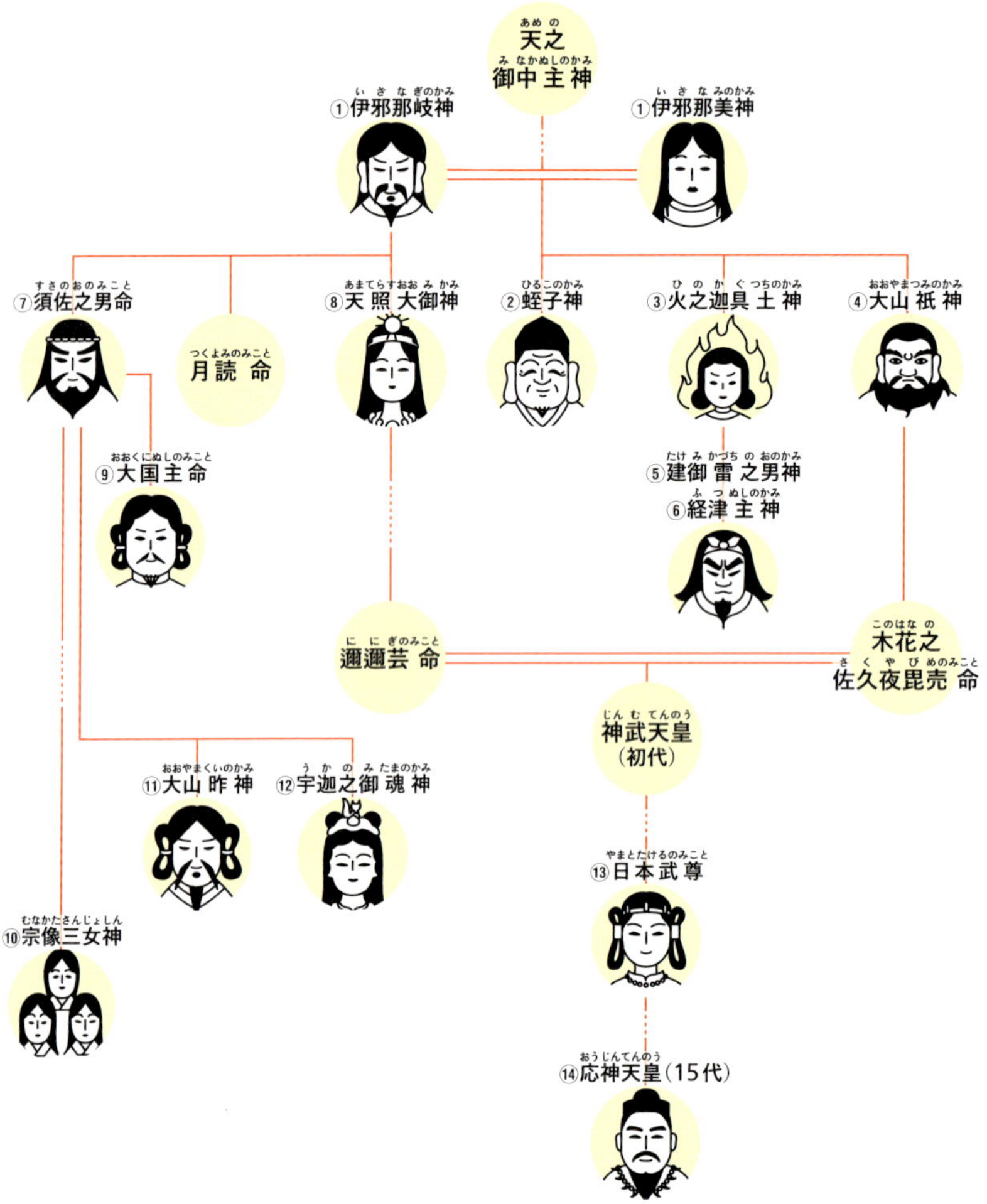

① 伊邪那岐神《いざなぎのかみ》・伊邪那美神《いざなみのかみ》

伊弉諾尊・伊弉冉（册）尊とも。国土や神々を生んだ最初の夫婦神で、結婚の神、縁結びの神といわれます。

❖三峯神社（58頁）など

② 蛭子神《ひるこのかみ》

恵比寿神とも。イザナギとイザナミの最初の子で、日本の代表的な福神、七福神の「えびす様」として人気です。

❖神田神社（14頁）など

③ 火之迦具土神《ひのかぐつちのかみ》

火産霊命《ほむすびのみこと》とも。イザナミが生んだ火の神で、火伏・防災の神として祀られています。

❖愛宕神社（96頁）など

④ 大山祇神《おおやまつみのかみ》

日本の山の神の総元締といわれる有力神。海の神、酒造の神としても広く信仰を集めています。

❖大山阿夫利神社（128頁）など

⑤建御雷之男神《たけみかづちのおのかみ》

武甕槌神とも。国譲り神話で活躍した剣の神で、武神・軍神として成功・勝利などのご利益を発揮。

❖鹿島神宮（136頁）など

⑥経津主神《ふつぬしのかみ》

経津主大神、香取神とも。霊剣フツノミタマの神格化の武神で、武道・スポーツの守護神として崇敬されています。

❖香取神宮（64頁）など

⑦須佐之男命《すさのおのみこと》

素戔嗚尊とも。高天原ではアマテラスを天岩戸に隠れさせた「悪しきものの元祖」ですが、地上に降ってからはヤマタノオロチ退治の英雄に。疫病除けの神さまとして信仰を集めています。

❖根津神社（154頁）など

⑧天照大御神《あまてらすおおみかみ》

天照大神とも。高天原の最高神で天岩戸神話の主役として有名な、万物に生命力を与える太陽を象徴する女神。皇室の祖先神であり、日本の総氏神として日本人の生活に深く浸透している神さまです。

❖伊勢神宮内宮など

⑨大国主命《おおくにぬしのみこと》

大己貴命《おおなむちのみこと》とも。神話「因幡の白兎」で知られ、国譲り神話ではアマテラスに国土の統治権を譲って出雲大社に隠遁したとされます。美男子で多くの妻を持ったことから、縁結びの神さまとしても人気があります。

❖大前神社（140頁）など

⑩宗像三女神《むなかたさんじょしん》

宗像三神とも。本来は海の神ですが、弁財天信仰とも習合し財福・芸能・農業などの守護神として崇敬されています。

❖江島神社（72頁）など

⑪大山咋神《おおやまくいのかみ》

『古事記』に山末之大主神《やますえのおおぬしのかみ》という名前で登場する比叡山の地主神。各地の日吉・日枝・山王神社に祀られています。

❖日枝神社（86頁）など

⑫宇迦之御魂神《うかのみたまのかみ》

倉稲魂神とも。各地の稲荷神社に「お稲荷さま」として祀られ、衣食住に関する便利なご利益を発揮。

❖笠間稲荷神社（100頁）など

⑬日本武尊《やまとたけるのみこと》

倭建命とも。各地に英雄伝説が残っている戦士、武神です。今日では稲の神、豊作の神として霊威を発揮。

❖妙義神社（90頁）など

⑭応神天皇《おうじんてんのう》

誉田別尊《ほんだわけのみこと》とも。「八幡さま」として全国の八幡神社で親しまれる文武両道の神。魔除け・厄払いを中心にご利益を発揮。

❖大宝八幡宮（110頁）など

【神様になった人間】

⑮菅原道真《すがわらのみちざね》

天満大神《てんまんおおかみ》とも。「天神さま」と親しまれる学問の神さま。平安時代の学者・文人・政治家として活躍した天才的人物。

❖荏柄天神社（132頁）など

⑯徳川家康《とくがわいえやす》

徳川幕府初代将軍として江戸時代260年間の平和と文化の礎を築いた偉人。「東照大権現」として祀られています。

❖日光東照宮（104頁）など

関東広域神社マップ

日光東照宮(p.104)
日光二荒山神社(p.32)
日光
宇都宮
大前神社(p.140)
妙義神社(p.90)
前橋
高崎
笠間稲荷神社(p.100)
水戸
大宝八幡宮(p.110)
一之宮貫前神社(p.78)
寳登山神社(p.36)
つくば
秩父神社(p.122)
秩父
仙波東照宮(p.68)
鹿島神宮(p.136)
鹿島
川越
武蔵一宮氷川神社(p.146)
香取
三峯神社(p.58)
さいたま
香取神宮(p.64)
銚子
大國魂神社(p.82)
府中
東京
品川神社(p.18)
八王子
千葉
千葉神社(p.50)
大山阿夫利神社(p.128)
横浜
銭洗弁財天宇賀福神社(p.46)
鎌倉
小田原
鶴岡八幡宮(p.22)
江島神社(p.72)
荏柄天神社(p.132)

❖本書掲載の情報は、2019年3月現在のものです。各神社の参拝時間、祭事、アクセスなどの最新の情報はホームページやお電話にてお確かめの上、お出かけください。

❖ご祭神、人物、各建造物の名称や創建年などの表記はそれぞれの神社が公表しているものに準じています。

❖本書掲載の写真、特に社殿内部や本殿などはすべて各神社に許可を得て撮影しています。撮影や立ち入りが制限されている場所もありますので、参拝の際は各神社の案内にしたがって正しく拝観してください。

東京・代々木❖流行の発信地に広がる、心地よい祈りの杜へ

明治神宮《めいじじんぐう》

【菊と五三の桐】

明治天皇《めいじてんのう》
昭憲皇太后《しょうけんこうたいごう》

例年初詣の時期には300万人以上の人でにぎわい、外国人観光客も多く訪れる明治神宮。明治天皇と昭憲皇太后の崩御を受け、両陛下の遺徳を敬仰して大正9年（1920）に創建されました。この地は江戸初期より、熊本藩主・加藤家、彦根藩主・井伊家の下屋敷の庭園でした。明治時代に宮内省所轄の代々木御苑となり、明治天皇と昭憲皇太后が度々訪れていたという、両陛下に縁の深い地です。

　現在の社殿は、昭和33年、昭和期の代表的な神社建築家・角南隆《すなみたかし》の指揮のもと復興造営されたものです。流造の社殿は、内拝殿・外拝殿を設ける二拝殿形式。三の鳥居から本殿御扉までが一直線上に見えるように設計され、遠くからでもご祭神の存在を感じることができます。また、戦火を免れ創建時のままの部分を残す神門は、築地本願寺などを手がけた建築家・伊東忠太《いとうちゅうた》の指揮で安藤時蔵《あんどうときぞう》と大江新太郎《おおえしんたろう》が設計したものです。

　原宿駅からすぐの神宮の森は、鬱蒼と樹木が生い茂り、大都市東京のオアシスとして多くの人に親しまれています。この森は創建時の壮大な計画のもと、全国から奉納された約10万本の献木で造成されたもの。人工林とは思えない緑豊かな森（神域）に足を踏み入れると、清涼な空気が快く、神聖な雰囲気に包み込まれるような心地になります。特に明治神宮御苑では季節ごとの花々や野鳥などが楽しめるほか、加藤清正が掘ったと伝えられる「清正井《きよまさのいど》」など多くの見どころがあります。

ご利益——国家安泰、世界平和ほか
創建——1920年
本殿形式—流造
アクセス—JR山手線「原宿」駅より徒歩1分
参拝時間—月ごとで異なる

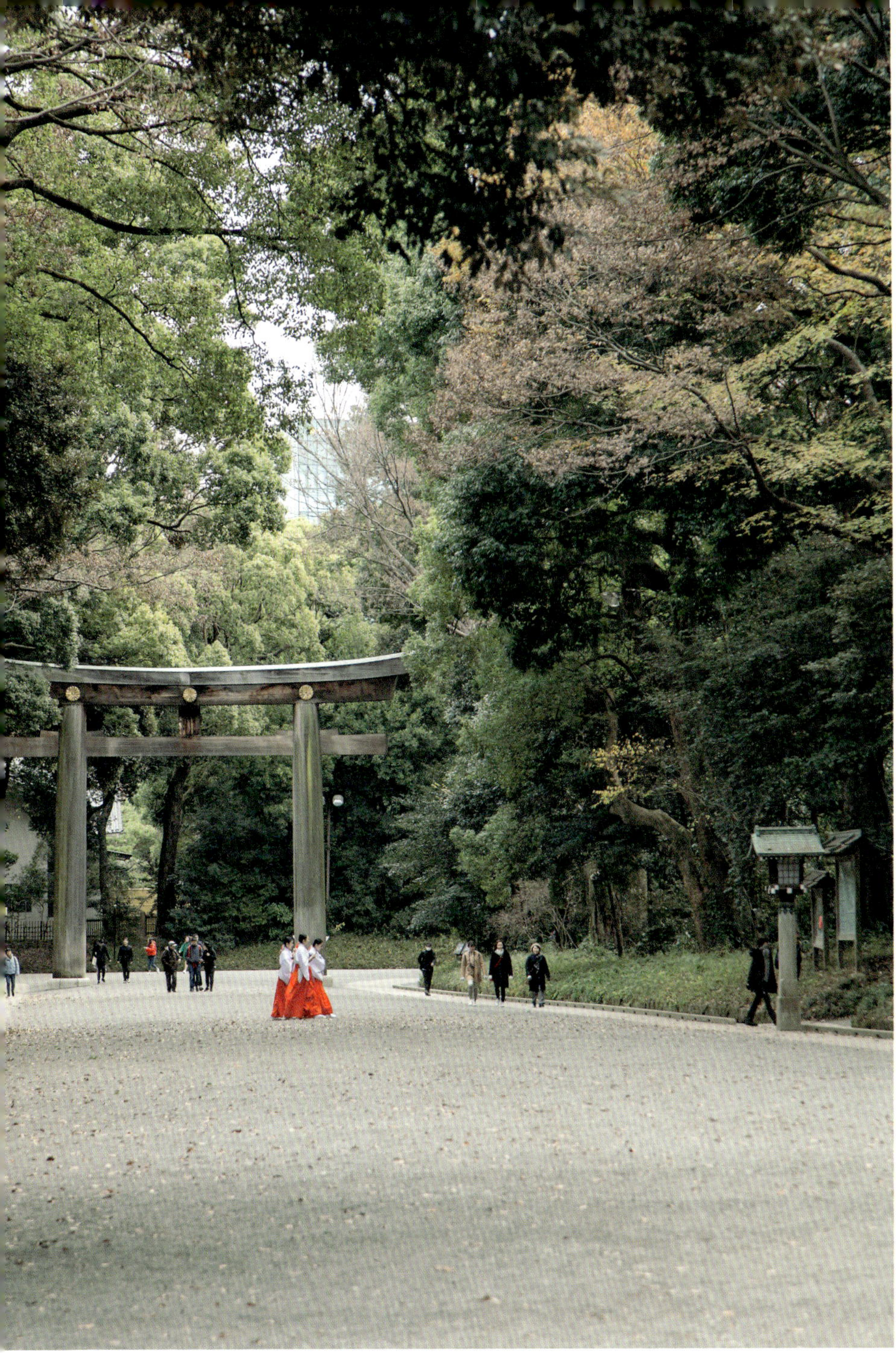
南参道と北参道が合わさる場所に建っている二の鳥居は、檜造りの明神鳥居として日本一の大きさ

瑞々しい神域で心をあずけ身を清める

洋風建築の手法が用いられた神門は、大きく延びた蟇股やかざり金具が優雅

皇室と同じ
花びら16枚の
菊の紋と、
神社独自の
花びら12枚の
紋がある

境内にある「夫婦楠」は、縁結びや
夫婦円満のご神木

三の鳥居から神門、二つの拝殿を通して本殿までを
見通す（写真は仮殿：2019年8月まで）。玉垣の外からもその存在は強く感じられる

明《めい》治《じ》神《じん》宮《ぐう》御《ぎょ》苑《えん》

「代々木御苑」として明治天皇と昭憲皇太后が度々訪れた庭園。1分に約60リットルの水が湧き出ているという「清正井《きよまさのいど》」や、昭和33年に建て替えられた数寄屋造りの「隔雲亭《かくうんてい》」など、自然と建築物とが調和した美しい景色に出会えます。

東京・神田 ❖ 江戸城の鬼門を守り続ける 都心の明神さま

神《かん》田《だ》神《じん》社《じゃ》

【流れ三つ巴】

大己貴命《おおなむちのみこと》（一之宮）
少彦名命《すくなひこなのみこと》（二之宮）
平将門命《たいらのまさかどのみこと》（三之宮）

江戸東京の真ん中に鎮座して約1300年。神田明神の通称で親しまれている神田神社は、鳥居、随神門、社殿のすべてが皇居（元の江戸城）の方角を向いて建っています。

これは江戸城の鬼門守護、江戸総鎮守として崇敬された神社の由緒をよく示すもので、現在でも神田・日本橋・秋葉原・大手町・丸の内など都心108町の総氏神として信仰を集めています。

社伝によれば当社は、天平2年（730）に大己貴命の子孫・真神《まかん》田臣《だのおみ》が、現在の千代田区大手町・将門塚周辺に創建したのがはじまりといわれています。現在のご祭神は、一之宮に大己貴命《おおなむちのみこと》（だいこく様）、二之宮に少彦名命《すくなひこなのみこと》（えびす様）、三之宮に平将門命《たいらのまさかどのみこと》。そのご利益は、縁結び、夫婦和合、事業繁栄、厄除け開運など多岐にわたります。

慶長5年（1600）、徳川家康は関ヶ原の戦いにあたり、当社へ戦勝祈願に訪れ天下統一を成就しました。その後江戸幕府が開かれ、元和

昭和９年に竣工した社殿は、本殿・幣殿・拝殿さらに神饌所・宝庫が重なり合うように造られ、昭和初期の神社建築としては新しい形式をもつ

2年（1616）2代将軍秀忠のときに江戸城の表鬼門の守護神として現在地に遷座。以後、現在にいたるまで江戸の総鎮守として江戸庶民からも崇敬されてきました。

権現造の現社殿は昭和9年に再建されたもので、日本初の鉄骨鉄筋コンクリート造、総朱漆塗。伊東《いとう》忠太《ちゅうた》、大江新太郎《おおえしんたろう》、佐藤功一《さとうこういち》といった近代神社建築を代表する建築家の設計による、昭和初期の建築技術の粋を集めた壮麗無比の堂々とした建物です。

ご利益—家庭円満、夫婦和合、縁結び、商売繁盛、事業繁栄
創建—730年
社殿形式—権現造
アクセス—JR中央線「御茶ノ水」駅より徒歩5分
参拝時間—自由
電話番号—03-3254-0753

東京を支える江戸っ子の心の大黒柱

総檜・入母屋造の隨神門には、だいこく様の神話をモチーフにした彫刻が

高さ6,6メートル、重さ約30トン。石造りとしては日本一のだいこく像

当時を代表する建築家により、鉄骨鉄筋コンクリート造でありながら木造建築らしい親しみやすい姿に見えるよう工夫が施されている

水神社《みずじんじゃ》

魚河岸《うおがし》水神社《みずじんじゃ》はもともと、日本橋に魚市場があった頃、大漁安全を祈願するため市場の守護神・大市場交易神として神田明神に祀られました。現在でも、魚河岸会を中心に神事が執り行われています。

江戸神社《えどじんじゃ》

千貫《せんかん》神輿が社殿に鎮座しているという珍しい末社。「江戸神社」の名前のとおり、大宝2年（702）に現在の皇居内に創建され、江戸最古の地主神として今もなお崇敬されています。

東京・品川 ❖東海道第一の宿場町を見守る北の天王さま

品《しな》川《がわ》神《じん》社《じゃ》

【三つ葵】

天比理乃咩命《あめのひりのめのみこと》
宇賀之売命《うがのめのみこと》
素盞嗚尊《すさのをのみこと》

江戸時代には、品川宿の北半分を守る存在（南半分は荏原神社）として、通称「北の天王さま」と呼ばれ崇敬を集めてきた品川神社。平安末期の文治3年（1187）に、源頼朝が現・千葉県館山《たてやま》市の神社の祭神、洲崎明神《すのさきみょうじん》（天比理乃咩命《あめのひりのめのみこと》）を勧請し、海上交通安全と祈願成就を祈ったのがそのはじまりです。洲崎明神とは、頼朝が妻・北条政子の安産を祈願した神様。のちに宇賀之売命《うがのめのみこと》（お稲荷様）、室町時代中期には太田道灌《おおたどうかん》によって素盞嗚尊《すさのをのみこと》（天王様）が合祀されました。

迫力ある2匹の龍が彫られた双龍鳥居をくぐり、急な石段を上った先の境内には、中央にこぢんまりと佇む印象的な石造鳥居が。3代将軍徳川家光の側近、堀田正盛《ほったまさもり》の寄進で、都内では上野東照宮に次いで2番目に古いものです。宝物の神面「天下一嘗《ひとなめ》の面」は、関ケ原の合戦の際に徳川家康が戦勝祈願成就の謝礼として奉納したもの。無病息災、幸福招来のシンボルとして、絵馬にもあしらわれています。また、品川神社は「東海七福神」の1社。鳥居の横には大きな大黒天が祀られ、本殿右奥の石段を下ったところにある「一《いち》粒萬倍《りゅうまんばい》阿那稲荷《あないなり》神社」とともども、金運祈願の人気スポットになっています。

そして都内最大規模の富士塚（品川富士）には、参道の脇から登拝が可能。高さ約15メートルの山頂で品川宿のにぎわいを眺めれば、江戸から続く人々の営みの歴史に感じ入ります。

ご利益――祈願成就、交通安全、商売繁盛、厄除け
創建――1187年
社殿形式――権現造
アクセス――京浜急行「新馬場」駅より徒歩1分
参拝時間――自由
電話番号――03-3474-5575

参拝者を迎える双龍鳥居。当社では頭が下を向いた方を降龍(写真)、上を向いた方を昇龍と呼ぶ

緑に溶ける色彩 静かな賑わいが 聞こえる

備前焼の狛犬は全国的にも珍しい。赤茶色の
独特の質感が陽光をやわらかく反射させる

もとは舞楽「二の舞」で用いられる
「腫面」だった「天下一嘗の面」

品川区の指定文化財でもある石造鳥居。素朴で端正な姿が境内の雰囲気をひきしめる

品川富士《しながわふじ》

富士塚に登れば、本物の富士山に登ったのと同じご利益があるとされる「富士信仰」。登山道の石段には、数段ごとに合目の標が立っています。境内社の富士浅間神社《ふじせんげんじんじゃ》を守る狛犬は、台座に富士山の姿が描かれています。

阿那稲荷神社《あないなりじんじゃ》

宇賀之売命《うがのめのみこと》を祀る阿那稲荷神社《あないなりじんじゃ》。上社で天の恵みの霊、下社で地の恵みの霊を祀っています。下社にある銭型の水盤に注ぐ一粒萬倍《いちりゅうまんばい》の泉で、お金や印鑑を清めると吉。

神奈川・鎌倉 ❖ 源氏の牙城・鎌倉を眺め守護する武士の神

鶴《つる》岡《おか》八《はち》幡《まん》宮《ぐう》

【鶴丸紋】

応神天皇《おうじんてんのう》
比売神《ひめがみ》
神功皇后《じんぐうこうごう》

鎌倉の街を貫く若宮大路《わかみやおおじ》は、鶴岡八幡宮の参道として作られた目抜き通り。その中央に一段高く造成された段葛《だんかずら》に、春には桜やつつじが美しく彩りを添えます。二ノ鳥居から三ノ鳥居までは約450メートルにわたり、その先の深い緑の中に、社殿の朱色が鮮やかに映えるのが見えてきます。

創建は平安中期の康平6年（1063）、奥州を平定した源頼《みなもとのより》義《よし》が京都の石清水八幡宮《いわしみずはちまんぐう》を勧請して由比ガ浜近くの元八幡《もとはちまん》に祀ったのがはじまり。その後、源頼朝《みなもとのよりとも》が、治《じ》承《しょう》4年（1180）に現在の場所に遷座。その11年後、鎌倉幕府の宗社にふさわしく上下両宮の現在の形態に整えられました。以後、関東の総鎮守、国家鎮護の神として歴代将軍、武将に崇敬され、分霊が各地に祀られています。ご祭神は、応神天《おうじんてん》皇《のう》、比売神《ひめがみ》、神功皇后《じんぐうこうごう》のいわゆる八幡三神。災難除け、家運隆盛、交通安全などにご利益があるとされています。

参道を進むとまず見えてくる舞殿《まいどの》は、静御前《しずかごぜん》が義経を慕って舞ったと伝わる若宮回廊の跡に建てられています。その先の大石段上にそびえる楼門には、八幡神の神使である鳩をモチーフにした「八幡宮」の扁額が。楼門奥に構える本殿は、流造と権現造を融合した「流権現造」と呼ばれる武家らしい力強さを感じさせる社殿。脇障子や欄間にほどこされた鮮やかな彫刻に彩られて圧倒的な威厳を放ち、若宮（下宮《げぐう》）と共に国の重要文化財に指定されています。

ご利益——災難除け、家運隆盛、交通安全
創建——1191年
本殿形式——流権現造
アクセス——JR「鎌倉」駅より徒歩10分
参拝時間——10—3月：6時—21時
4—9月：5時—21時
電話番号——0467-22-0315

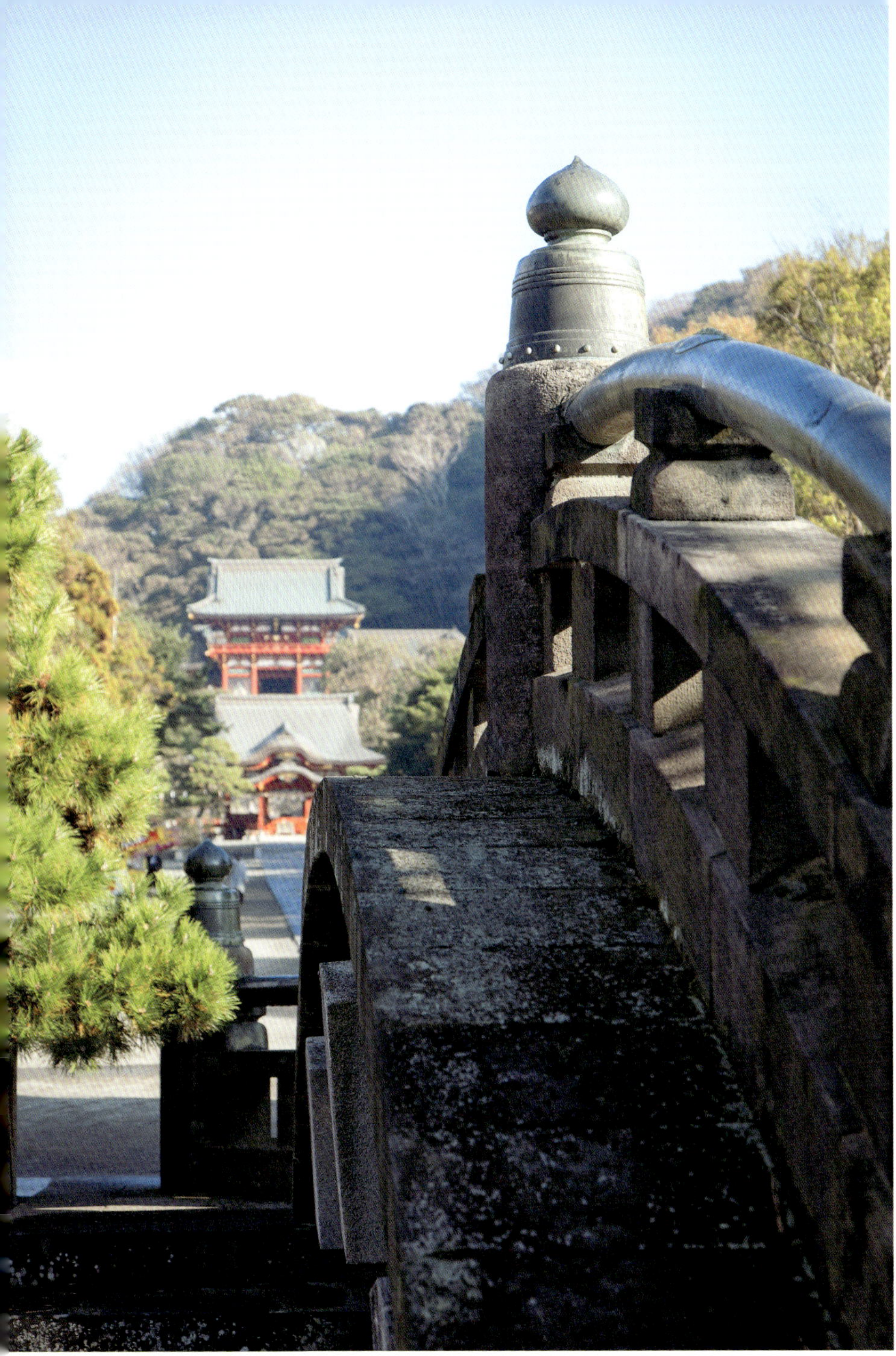

源平池にかけられた太鼓橋から社殿を望む。造営当時は朱塗りの板橋だったため、赤橋と呼ばれていた

鎌倉開発の基盤として作られた若宮大路は、
由比ガ浜まで一直線に続く

源氏池に浮かぶ旗上弁財天社。
源氏の紋を掲げた白旗が並ぶ

若宮大路の終着点に立つ三ノ鳥居は当宮の玄関口。
日々多くの人が行き交う

参道からは、舞殿と楼門が重なりあってひとつの大きな社殿のようにも見える

源義経の妾であった静御前は、
対立関係にあった頼朝の眼前で
義経を慕う舞を踊った。
頼朝は激怒したが、妻の北条政子が
これをなだめたという

気品ただよう舞殿の姿は、
静御前の静かな強さを思わせる

優雅さの中に凛として屈しない強い意志を見る

舞殿にほどこされた
赤と青の
花の装飾が可憐

源氏の栄華を肌に感じる朱の美しさ

楼門に掲げられた「八幡宮」の扁額は、鳩を八の字に見立てている

上宮では豪華な社殿を間近で拝観でき、その力強さに驚く

本殿の煌びやかで端正な屋根装飾は、過不足ない美しさが武士らしくもある

虎や白兎、鷹などさまざまな動物の彫刻を楽しめる

丸《まる》山《やま》稲《いな》荷《り》社《しゃ》

小高い丘の上に連なる鳥居の先に、鶴岡八幡宮の創建以前よりこの地にあった丸山稲荷社が鎮座しています。境内のなかで最も古いとされる社殿は、室町時代のもの。商売繁盛を願う人々の脈々と続く信仰が感じられます。

白《しら》旗《はた》神《じん》社《じゃ》

白旗神社は、源頼朝公・実朝《さねとも》公を祀り、必勝や学業成就の信仰が篤い境内摂社。黒塗りで長く伸びた向拝が特徴的な社殿には、装飾に源氏の家紋の一つ「笹竜胆《ささりんどう》」が使われています。

東京・白山❖国生みの夫婦神すらとりなした縁を結ぶ和合の神

白《はく》山《さん》神《じん》社《じゃ》

【三子持亀甲瓜花】

菊理姫命《くくりひめのみこと》
伊弉諾命《いざなぎのみこと》
伊弉冊命《いざなみのみこと》

都営三田線白山駅から徒歩2分、東洋大学白山キャンパスの隣にある白山神社は、東京十社に数えられる名社。6月には境内裏手の富士塚から白山公園にかけて約3000株のアジサイが咲き乱れることで知られ、「文京あじさいまつり」として都心の新名所となっています。

ご祭神は、加賀（石川県）の霊峰白山の神である菊理姫命《くくりひめのみこと》と、日本の国土と神々を生んだ最初の夫婦神の伊弉諾命《いざなぎのみこと》、伊弉冊命《いざなみのみこと》。菊理姫命は伊弉諾命と伊弉冊命の諍《いさか》いを調停した女神であることから、夫婦和合や縁結びのご利益で人々に親しまれています。また仕事運、商売繁盛のほか、航海安全の守護神でもあり、近年は海外旅行者が安全祈願などで訪れることも。

創建は、平安中期の天暦2年（948）に加賀国一宮白山神社（現・白山比咩《しらやまひめ》神社）を今の本郷1丁目に勧請したのが起源。社紋も三重の亀甲のなかに瓜の花を描いて長寿や子孫繁栄を表す白山比咩神の神紋

拝殿の欄間には、菊理姫命と関係が深く、その化身ともされる龍神の彫刻が施されている

が使われています。その後、明暦元年（1655）に現社地に移り、5代将軍徳川綱吉の信仰を受けて小石川の鎮守となりました。

元禄、享保年間に火災に遭って以後、社殿は百数十年間本殿のみでしたが、明治32年（1899）に拝殿を造営し、昭和8年の改修を経て現在に至ります。木造の社殿は、扉や脇障子、欄間に彫刻が施され、力強く威厳ある雰囲気。裏手の公園に回れば、本殿をじっくりと眺めることもできます。

ご利益——夫婦和合、縁結び、仕事運、商売繁盛、航海安全など
創建——948年
本殿形式—流造
アクセス—都営三田線「白山」駅より徒歩2分
参拝時間—自由　社務所10時—16時（火曜を除く）

当社では、鳥居の向こうにさらに門が構える。
注連柱を繋ぐのは、
三巴紋の装飾があしらわれた
優雅な金属製アーチ

拝殿両脇の阿吽の狛犬は
目が金色で、それぞれの頭には
宝珠と角が見られる

手水舎の屋根を飾る波の形の飾り瓦が軽やか

上品な静けさに凪いだ心で縁を結びなおす

本殿と拝殿を繋ぐ
長い幣殿の窓枠は、
社紋と同じ六角形のデザイン

❖こんな見どころも❖

八幡神社《はちまんじんじゃ》

境内の南側にある摂社、八幡神社は白山神社がこの地に遷座する以前より祀られているといわれる土地の地主神。その社殿は境内摂社としては珍しく、切妻屋根が２つつながった八幡《はちまん》造《づくり》という様式です。

栃木・日光❖気品ある文化財にふれ 霊場日光の源点に出会う

日光二荒山神社《にっこうふたらさんじんじゃ》

【三つ巴】

大己貴命《おおなむちのみこと》
田心姫命《たごりひめのみこと》
味耜高彦根命《あじすきたかひこねのみこと》

日光東照宮、輪王寺《りんのうじ》とともに世界遺産に登録されている日光二荒山神社は、関東の霊峰男体山をご神体とする日光の地主神。日光山信仰のはじまりとなった古社です。

　日光国立公園の中枢をなす日光連山をはじめ、華厳の滝、下りのいろは坂、神橋《しんきょう》など日光名所の数々を包含する当社の境内の広さは、伊勢神宮についで日本で2番目だそう。その中に、本社のほか、男体山頂に奥宮、中禅寺《ちゅうぜんじ》湖畔に中宮祠《ちゅうぐうし》、別宮として弘法大師が創建したと伝わる瀧尾神社や、日光山内の入り口に本宮《ほんぐう》神社など多くの社殿があります。

　創建時期は、一説には奈良末期の天応2年（782）、下野国の僧・勝道上人《しょうどうしょうにん》が二荒山（男体山）の登頂を成し遂げ、山頂に祠を建てたのが起源とされます。修験道の霊地として信仰され、平安時代には下野国一之宮に選定。鎌倉以降は関東の鎮守神として幕府や地元の有力豪族の崇敬を集めました。

　ご祭神は、縁結びの神の大己貴命《おおなむちのみこと》（父）、田心姫命《たごりひめのみこと》（母）、味耜高彦《あじすきたかひこ》根命《ねのみこと》（子）の親子三神。総称して二荒山大神《ふたらやまのおおかみ》と呼ばれます。

　現在の社殿は、東照宮の造営に伴った移転の際に造営されたもの。本殿や拝殿はもちろん、江戸初期の建築物である神輿舎《しんよしゃ》、大国殿《だいこくでん》など23棟が重要文化財です。「権現造の原型」とされる八棟造《やつむねづくり》の本殿は、華やかな装飾性を持つ日光の社寺のなかで最古。境内の西に広がる神苑から間近に拝観でき、威厳に満ちた姿に圧倒されます。

ご利益――良い縁結び、開運など
創建――782年
本殿形式――八棟造
アクセス――東武鉄道「東武日光」駅より
　バス7分
参拝時間――8時―17時
電話番号――0288-54-0535

大谷（だいや）川にかかる日光の社寺の玄関口、神橋。意匠だけでなく、特徴的な構造でも評価される

日光東照宮へ続く参道には、堂々としたたたずまいの山門と銅製の鳥居。
足元にあしらわれた蓮の花に神仏習合の名残を感じさせる

総漆塗りの開放的な拝殿は、日々訪れる
多くの参拝者を迎え入れる落ち着いた佇まい

1619年、徳川秀忠によって寄進された本殿。
深い緑のなかに、歴史を感じさせる静かな迫力をもつ

山を敬い仰ぎ紡がれる信仰の物語

正面から見て屋根が三角に見える宝形造（4面の寄棟）が特徴の大国殿には、宝刀「太郎丸」が納められる

火をともすと怪しげな姿に見えたという化け灯篭。武士の刀傷が無数に残されている

❖こんな見どころも❖

瀧《たき》尾《のお》神《じん》社《じゃ》

本社から30分、白糸の滝に隣り合う別宮。田心姫命《たごりひめのみこと》を祀り、本殿裏にはご神体である女峰山を遥拝できる扉が設けられています。額束の穴に小石を投げ、通った数で幸運を占うという運試しの鳥居のほか、社殿から石畳までその多くが重要文化財に指定される静謐な空間です。

埼玉・秩父❖山に宿る神犬は火を払い人々の厄を除く

寶《ほ》登《ど》山《さん》神《じん》社《じゃ》

【五三の桐紋】

神日本磐余彦尊《かむやまといわれびこのみこと》
大山祇神《おおやまづみのかみ》
火産霊神《ほむすびのかみ》

長瀞《ながとろ》駅からのびる参道をゆるやかに登った白い鳥居の先。かつてその秀麗な姿が日本武尊《やまとたけるのみこと》の心を惹きつけたという伝説が残る宝登山の山ふところに、そっと抱かれるように鎮座するのが寶登山神社です。

創建は、今から約1900年前の110年と伝わります。日本武尊が東征の際に宝登山に立ち寄り、森の中の泉で禊《みそぎ》をして山頂へ向かう途中、山火事に遭遇しました。その時山の神様は眷属の山犬たちを遣わして危難を救い、一行を無事に頂上へと案内します。それに感謝した尊はこの山を「火止山《ほどさん》」と名づけ、初代天皇の神日本磐余彦尊《かむやまといわれびこのみこと》（神武天皇）、山の神様の大山祇神《おおやまづみのかみ》、火をつかさどる神様の火産霊神《ほむすびのかみ》の三柱のご祭神を祀ったとされています。この伝説にちなんで、当社の神使は神犬の大口《おおくち》真神《まかみ》。火災・盗難除け、諸難除け、厄除けなどのご利益を求めて、広く関東一円から参拝者が訪れています。

現在の社殿は、江戸末期から明治初頭に造替された権現造。親・兄弟への孝行に優れた人物を描いた中国の書物「二十四孝《にじゅうしこう》」の欄間彫刻をはじめ、本殿や拝殿の随所に物語をモチーフにした装飾が彩色も鮮やかに施され、見ごたえがあります。

山頂の奥宮へは徒歩でも、ロープウエイでも登ることができます。木立の中に祀られた社には神聖な雰囲気がただよい、山頂からは眼下に秩父盆地、周囲には秩父の山並みの眺望が。四季折々に長瀞の自然の美しさを楽しめる、人気の観光スポットです。

ご利益——火災・盗難除け、諸難除け、厄除け、商売繁盛
創建——110年
本殿形式——権現造
アクセス——秩父鉄道「長瀞」駅より徒歩15分
参拝時間——自由
電話番号——0494-66-0084

拝殿正面には小鳥とたわむれる5頭の龍が配置され、美しい佇まい。近づけば、軒下のさらに豪奢な装飾に目を奪われる

寶登山神社では鳥居も社殿も白のフレームが印象的。
金の飾り金具と額がその気高さを際立たせる

両親の病気のため、
鹿の皮を被って
その乳を得ようとする
二十四孝の1つ

艶めく緑に
冴え冴えとした
白が映える

参道から見上げる社殿は深い緑のなかで静的な
雰囲気。一歩ずつ近づくごとに、異なる印象を与える

奥宮《おくみや》

山頂の奥宮は、切妻屋根の社殿がひとつだけの簡素なつくり。社殿を守るのは、牙の生えた山犬です。晴れの日は木漏れ日に、雨の日は霧に包まれ、神秘的な雰囲気を漂わせて参拝客を迎えます。

東京・乃木坂 ❖ 文武両道の軍人夫婦を美しく祀る 近代の名建築神社

乃《の》木《ぎ》神《じん》社《じゃ》

【四つ目紋】

乃木希典命《のぎまれすけのみこと》
乃木静子命《のぎしずこのみこと》

日清・日露戦争の英雄として有名な乃木希典《のぎまれすけ》（1849―1912）を、その夫人静子《しずこ》とともに祀る乃木神社。乃木大将は、軍人として数々の武勲を上げただけでなく、晩年は学習院長としてのちの昭和天皇の養育に当たるなど、すぐれた教育者、文化人としての事績も残した人物です。

明治天皇の御葬儀の当日、天皇の葬列が皇居を出発する合図の弔砲が自邸に届いた時、乃木大将と静子夫人は明治天皇に殉じて自刃。その忠誠心に感銘を受け、生前の功績を敬愛する国民の強い熱意を背景に創建されました。

神社創建が許可されると、明治神宮の創建を待って大正12年（1923）に港区赤坂の乃木邸の隣に社殿が造営されました。手がけたのは、日光東照宮の修復をはじめ明治神宮や伊勢神宮の造営など数々の伝統建築で知られる建築家・大江新《おおえしん》太郎《たろう》。昭和20年の空襲で主な社殿が焼失し、現在の社殿は1962年に息子の大江宏《おおえひろし》の設計により復興され

大江宏は国立能楽堂や法政大学校舎の設計で知られる建築家。伝統とは異なる形で神道を表現した、新しい祈りの空間

たものです。神明造の本殿と拝殿をつなぐように美しい回廊がまわり、玉砂利の敷かれた中庭に舞台のような幣殿が突き出しているという、伝統的な神社の形式とは異なった社殿配置になっています。

社紋の「四つ目紋」は乃木家の家紋で、幾何学的な社紋の意匠は、灯篭など様々な形で境内の意匠に使用されています。勝運、夫婦和合、縁結び、学業成就などを祈願し、参拝後には隣接する旧乃木邸を見学する人の姿が絶えません。

ご利益―夫婦和合、勝運、縁結び、学業成就など
創建―大正12年(1923)
本殿形式―神明造
アクセス―東京メトロ千代田線「乃木坂」駅より徒歩1分
参拝時間―6時―17時
電話番号―03-3478-3001

すべての線がデザインされた空間では、祭事の道具ひとつとってもその美しさを構成する要素となる

凛とした透明感
受け継がれる
名建築の美学

すべらかなヒノキの床は、神職の手によって
日々美しく保たれる

拝殿の扉。植物のような
モチーフの金の飾り金具が
白木に映える

回廊にさげられた照明は
竣工当時のものを
丁寧に使用。屋根と同じ
傾斜のかさをかけることで、
空間の統一感を崩さない

屋根瓦と同じ素材の
黒タイルに、太陽光が
優しく反射する

四つ目の紋は古典的な文様だが、
ここではモダンデザインの
アクセントとなって視界にリズムをつくりだす

線が強調されたデザインの狛犬は
乃木大将の甥・長谷川栄作の作品

隣接する乃木会館も大江宏の設計。
式場から神前への道も参拝の
ひとつのストーリーとして演出されている

乃木会館から拝殿へつながる廊下から手水舎を見る。父・大江新太郎の設計した建築物で焼失を逃れた唯一のもの

最初に目に入る大きな屋根と、本殿まで見通せる
軽やかな内部空間のギャップが新しさを感じさせる

すべての瞬間が設計された神前への道筋

❖こんな見どころも❖

旧《きゅう》乃《の》木《ぎ》邸《てい》

明治35年に建てられた旧乃木邸。乃木大将自らが視察したフランス陸軍の兵舎をもとにしたというデザインで、1階は大谷石、2階は板張りという2色の慎ましやかな外観が印象的。そばにはレンガ造りの立派な厩舎も残っています。

神奈川・鎌倉 ❖ きりたつ崖に湧く霊泉で豊かな暮らしを祈る

銭《ぜに》洗《あらい》弁《べん》財《ざい》天《てん》宇《う》賀《が》福《ふく》神《じん》社《じゃ》

【向かい波に三つ鱗】

市杵島姫命《いちきしまひめのみこと》
宇賀神《うがじん》

山道に面した鳥居に続くトンネルを抜けると、四方を崖に囲まれた霊場の神秘的な雰囲気に包まれます。通称「銭洗弁天」と呼ばれる、銭洗弁財天宇賀福神社の境内です。

ご祭神は、本宮に宗像三女神の1人で仏教の弁財天と習合して信仰される市杵島姫命《いちきしまひめのみこと》。奥宮には、稲荷神と同神とされる穀霊神で弁財天との神仏習合神の神でもある宇賀神《うがじん》が祀られています。

神社の縁起由来によると、民が生活に苦しんでいた巳《み》の年（1185）巳の月巳の日、源頼朝は夢で老人の姿をした宇賀神からお告げを受けます。それは「西北の佐《さ》助ケ谷《すけがたに》から湧き出る霊水を使って神仏を祀れば、天下は平穏に治まる」というもの。お告げに従って洞をほり、宇賀神を祀って神仏供養を続けたところ世は富み栄えた、というのが当社のはじまりです。

奥宮のある洞窟から湧く「銭洗水」と呼ばれる霊泉は、鎌倉5名水の1つ。この水で硬貨や紙幣を洗う

入口に鳥居のあるトンネルを抜け、四方を崖で囲まれた境内へ。戦前にはトンネルはなく、現在の裏参道が本来の入口だったそう

と、お金とともに心身も清められ、ご利益を得ることができます。この「銭洗い」の始まりは、やはり巳年の1257年、鎌倉幕府を退いて出家した北条時頼《ほうじょうときより》が銭を洗って一族繁栄を祈ったことに由来。洗ったお金は有意義なことに使うのがよいとされます。また、ヘビ（巳）を神使とする弁財天や宇賀神は、とぐろを巻いた人頭蛇身の姿で表されることから、蛇の好物である卵をお供えする習慣があります。

ご利益―厄除開運、航海安全、商売繁盛、金運上昇、芸事上達
創建―1185年
本殿形式―流造（本宮）
アクセス―JR「鎌倉」駅より徒歩20分
参拝時間―自由
電話番号―0467-25-1081

銭洗い用のざるに
硬貨や紙幣を入れて洗い、
お金とともに心身を清める

宇賀神を祀る奥宮は、
本宮横にある洞窟の中

ひやりと冷たい洞窟の奥名水が心も清める

境内へのトンネルで静寂に包まれ、まるで違う世界へ導かれるかのよう

宗像三女神の中でも
随一の美しさとされる
市杵島姫命を祀る本宮

◆こんな見どころも◆

水神宮《みずじんぐう》

上之水神宮《かみのみずじんぐう》（右）と下《しも》之水神宮《のみずじんぐう》（上）の２つの水神宮は、水波売神《みずはのめのかみ》を祀る境内社。どちらも、まるで崖から生えたように社殿がつくられ、神泉の水口を守護しています。

❖比類なき社殿に宿る 天の光をつかさどる神様

千《ち》葉《ば》神《じん》社《じゃ》

【三光紋、九曜紋】

北辰妙見尊星王《ほくしんみょうけんそんじょうおう》

妙見本宮千葉神社は、一般に「妙見様」と呼ばれて親しまれ、例年の初詣には千葉県第1位の約65万人を超える参拝者を集めています。

創建は、平安末期に千葉市一帯を開拓した千葉氏の3代目・平忠常《たいらのただつね》が、長保2年（1000）に一族の守護神である妙見尊を祀る寺院を現在地に開山したのが起源です。ご祭神の北辰妙見尊星王《ほくしんみょうけんそんじょうおう》は、天の中央にあってすべての星々の中心となる北辰（北極星と北斗七星）が神格化された神様。天と地がわかれたときに最初に現れた天之御中主神《あめのみなかぬしのかみ》と同一と考えられています。人間に災厄をもたらす悪い星を取り除き、善い星に導くとされることから、厄除開運・八方除の霊験あらたかな神様として、関東一円から多くの人が参拝に訪れています。

平成2年に造営された豪華絢爛な社殿は、上下2つの拝殿で構成された日本で唯一の2階建ての重層社殿。1階拝殿「金剛殿《こんごうでん》」から2階拝殿「北斗殿《ほくとでん》」へは社殿左右の階段から上がることができます。

また、入り口で参拝客を迎える立派な建物は分霊社の「尊星殿《そんじょうでん》」。他には例のない、社殿と楼門の複合建築です。中央の「福徳殿《ふくとくでん》」に北辰妙見尊星王の分霊が祀られ、東の楼には日天神の依代として陽命柱が、西の楼には月天神の依代として光輝柱が立てられています。心を込めて柱に触れれば、妙見様がつかさどる太陽・月・星の「三光」の霊力から発揮される福・禄・寿の「三宝」のご利益を授かることができます。

ご利益―厄除開運、八方除、安産守護など
創建―1000年
本殿形式―重層社殿
アクセス―JR総武線「千葉」駅より徒歩10分
参拝時間―6時―18時
電話番号―043-224-2211

平成２年「平成の大造営」により新たに竣工した社殿。２階建ての重層社殿が建てられたのは当社が初めて

天に輝く
光にまもられ
あらゆる
厄をよける

獅子は子を谷に突き落として鍛錬する、
という故事を題材とした獅子児鍛錬像

七夕空襲で唯一焼け残った手水舎。
葺き替えられた瓦は当時と同じデザインを踏襲

八角形に配された八つの各星宮は、
方位・十二支・身体の各部のうちでそれぞれ守護する対象が決まっている

千葉天神《ちばてんじん》

千葉天神は、県内最大の天神社。平成の大造営で建て替えられる前の本社の旧社殿が使われていることから、妙見様の御神力も同時にいただけるとされています。

妙見池《みょうけんいけ》

妙見池は、境内に湧く「延寿《えんじゅ》の井」の御神水を水源とする池。延寿の井の水をいただくことができる美寿之宮《みずのみや》では、水をつかさどる水御祖大神《みずのおやのおおかみ》がお祀りされています。

東京・入谷❖才人の家系・小野一族の万能の文化人に祈る

小《お》野《の》照《てる》崎《さき》神《じん》社《じゃ》

下町の落ち着いた雰囲気の中に、密度の濃い神域の空気が心地よい小野照崎神社。社名の「小野」は、百人一首に「参議篁《さんぎたかむら》」として名を連ねる平安初期の歌人・小野篁《おののたかむら》、「照崎」は現在の上野駅公園口周辺の一帯を指す古名に由来します。社伝によれば、上野国《こうずけのくに》（群馬県）での任を終えて帰京する途中、篁は上野照崎に滞在し、土地の人々に教育を授けました。のちに、篁を慕いその死を悼んだ土地の人々が、上野照崎の地名をとって「小野照崎大明神」と称してその霊を手厚く祀ったのが当社の創祀とされています。

小野篁命は、漢詩や書、絵画など様々な分野にすぐれた万能の人物。国の要職も務め、学問の神でありながら芸能の神としても信仰されています。当社は江戸時代に菅原道真命を合祀し、現在は学業成就、芸能上達、仕事運などのご利益で広く知られるようになりました。

現在の社殿は江戸末期の慶応2年（1866）の建築で、白木の端正

【梅鉢と三つ巴】

小野篁命《おののたかむらのみこと》

境内には穏やかで親しみやすい空気がただよい、上野照崎の人々に優しく学を授けた小野篁の人柄を思わせる

な造りが上品で落ち着いた雰囲気を醸し出しています。軒下を飾る鳳凰や龍、唐獅子などの大きな彫刻も見ごたえ十分。

境内にある富士塚の通称「下谷《したや》坂《さか》本《もと》富士《ふじ》」は、天明2年（1782）に富士山の溶岩で築かれ、文政2年に修復されたもの。築造当時の原形をよく留めていることから国の有形民俗文化財に指定されています。毎年6月30日と7月1日の「お山開き」の日には、参拝者も登拝することができます。

ご利益―学業成就、芸能上達など
創建―852年
本殿形式―流造
アクセス―東京メトロ日比谷線「入谷」駅より徒歩3分
参拝時間―自由
電話番号―03-3872-5514

優美な姿に
見とれ
流れる時に
身をゆだねる

秋には紅葉した銀杏が眩いほど。
北向きの社殿は、旧日光街道の方角を向く

富士塚からは、とび色が美しい本殿を間近に眺めることもできる

拝殿正面の唐破風にほどこされた鳳凰の彫刻。
妖艶な表情が不思議な迫力を発揮している

下《した》谷《や》坂《さか》本《もと》富士《ふじ》

富士山の溶岩が積み上げられた荒々しい富士塚。入り口の門を浅間神社の神使である猿が守っています。参道には修験道の開祖・役小角の像や「南無妙法」と書かれた石碑も見られ、神仏習合の名残が強く感じられます。

織《おり》姫《ひめ》・稲《いな》荷《り》神《じん》社《じゃ》

曲線美が魅力的な狐像が守る、織姫・稲荷神社。当社がこの場所に移る前から地主神と祀られていたお稲荷さんに、戦後縁結びの神様である織姫神社を合祀。今では恋愛と仕事を結ぶご利益があるとして深い信仰を集めています。

❖秩父の奥地で日本武尊が出会った理想郷

三《み》峯《ね》神《じん》社《じゃ》

【菖蒲菱】

伊弉諾尊《いざなぎのみこと》
伊弉冊尊《いざなみのみこと》

「三峯（三峰）」とは、秩父山地東部の奥秩父に位置する最高峰の雲取《くもとり》山《さん》、妙法《みょうほう》ヶ岳《がだけ》、白岩山《しらいわさん》の総称で、現在は三峯神社の社地と周辺地域一帯を指しています。鎮座地は標高約1100メートル。樹齢何百年の杉の古木が茂り、ひんやりと澄んだ空気が満ちる境内奥には、極彩色の彫刻が美しい社殿や手水舎、神仏習合時代の名残をとどめる鐘楼、随身門などが建っていて、神域の厳かな雰囲気を作り出しています。

　神社に伝わる『当山大縁起《とうざんだいえんぎ》』によれば、第12代景行《けいこう》天皇即位14年に日本武尊《やまとたけるのみこと》が東征の際に当山に登り、国の平安を願って国生み・神生みの夫婦神である伊弉諾尊《いざなぎのみこと》、伊弉冊尊《いざなみのみこと》の二柱の神を祀ったのがはじまり。のちに景行天皇がこの地を訪れて三峰の景観を称賛し、「三峯宮」の名を贈ったとも伝わります。中世に神仏習合の社となり、江戸時代には山主の日光法印が三峯信仰を広めて社殿を造営。現在の神社の基礎が築かれました。2輪の菖蒲が描かれた社紋の「菖蒲菱《あやめびし》」は、観音院7世の山主が養子となった京都花山院《かざんいん》家の紋を用いたものです。

　当社は、江戸時代頃から山犬（オオカミ）を神使として「お犬様（大《おお》口真神《くちまがみ》）」と呼ぶ御眷属《ごけんぞく》信仰でも有名。境内のあちこちには狛犬ではなく威厳のあるオオカミが鎮座しています。また、境内北西の奥にある大口真神を祀ったお宮「御仮屋」では、数匹でたわむれているようなかわいらしいオオカミの像を見ることができます。

ご利益―家内安全、火難・盗難除け、厄除け、縁結び
創建―約1900年前
本殿形式―春日造
アクセス―西武鉄道「西武秩父」駅よりバス75分
参拝時間―自由　社務所9―17時
電話番号―0494-55-0241

青銅鳥居をくぐり拝殿へ。竹林の七賢や蜃（しん）などの動物の彫刻が施された壮麗な社殿

明神鳥居の両脇に、小さな「袖鳥居」がついた三ツ鳥居。三輪鳥居ともいう

冷涼な
杉木立をぬけて
艶やかな色彩に
魅せられる

江戸時代には仁王像が守護する仁王門だった
随身門をぬけて参道へ

狛犬は魔除けだが、
三峯神社のオオカミは
信仰の対象でもある
神の使い

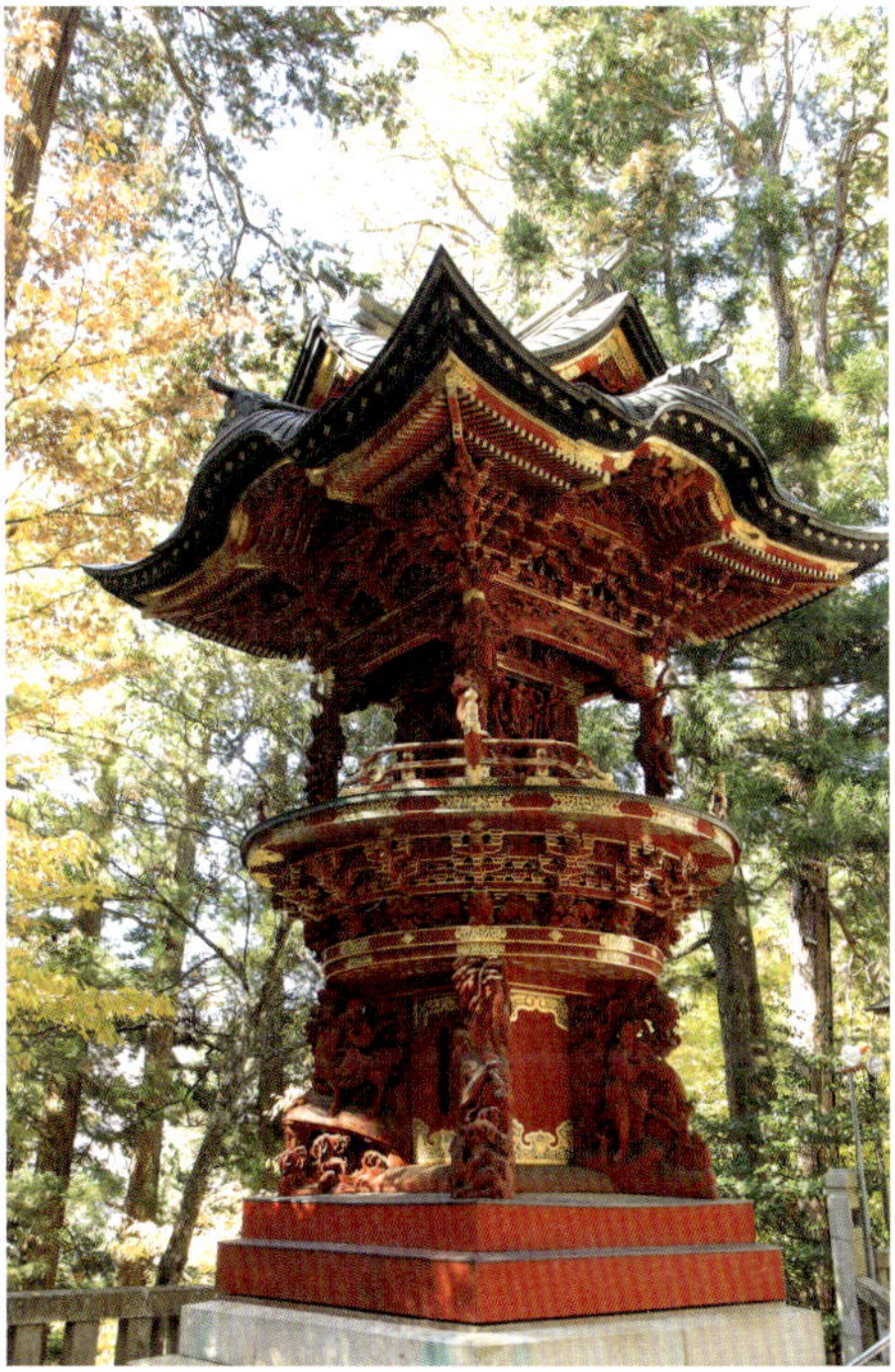

安政4年に建立された、
高さ6メートルにも及ぶ
木製の八棟灯籠

手水舎にも鳳凰・蛩・獏・龍といった
彩色豊かな彫刻が施されている

本殿（右）は隅木入りの一間社春日造。全体に朱の漆が塗られ、斗組・虹梁・柱頭など細部には極彩色の装飾が豊か

遠く見晴らす
三連の峰に
心を静める

境内の北西にある、
2つの木が
1つに合わさった
「えんむすびの木」。
備付の紙に相手の
名前や願い事を書き
良縁祈願を

境内東側の遥拝殿からは、
妙法ヶ岳の山頂にある奥宮を拝むことができる。
境内は標高1100メートル以上あるため、
晴れていれば下界の眺望も良い

御仮屋《おかりや》

境内から北西へ進み「えんむすびの木」を過ぎた先に、大口真神（お犬様）を祀るお宮「御仮屋」があります。素朴な社殿には可愛い顔をした狼がたくさん。穏やかな雰囲気が漂っています。

奥宮《おくみや》

奥宮には、神聖な気が立ち込めています。妙法ヶ岳の頂上までは、山道を1時間から1時間半程度。舗装されていない道や岩を登るような場所もあるので、参拝時はしっかりと登山の準備を。

香《か》取《とり》神《じん》宮《ぐう》

千葉・香取 ❖ 重厚な黒漆の社殿に古代武神の威厳を見る

【五七の桐】

経津主大神《ふつぬしのおおかみ》

千葉県北東部、利根川下流右岸にある「亀甲山《かめがせやま》」と呼ばれる丘陵地に鎮座する香取神宮は、関東地方を中心に約400の御分社を数える香取信仰の総本社。武神として知られるご祭神の経津主大神《ふつぬしのおおかみ》は、天照大神の命を受けて国譲りを成功させ、日本全国を平定したのちに当地に鎮まったといわれています。社伝によれば、神武天皇18年（紀元前643）創建の古社で、『延喜式《えんぎしき》』神名帳に「神宮」と記されたのは伊勢神宮・鹿島神宮・香取神宮の3社のみという格式高い神社。古くから国家鎮護の神として皇室からの崇敬も厚く、江戸時代には徳川幕府の庇護を受けました。今日では家内安全や心願成就、災難除けなど様々なご利益があるとして信仰を集めています。また12年に一度、午年に行われる式年神幸祭は、歴史ある大祭で見どころのひとつとなっています。

　古代以来守り続けられてきた社叢林の鬱蒼と茂る老杉に囲まれて建つ社殿は、本殿の正面に幣殿、拝殿が

社殿は黒漆塗り。黒は高貴さの演出とともに、日光などを吸収する性質から、あらゆるものを受容するイメージを表すとも

つながる権現造です。本殿は元禄13年（1700）、5代将軍徳川綱吉の命により造営されたもの。その黒漆塗、檜皮葺の重厚な佇まいは、近世前期の桃山様式の神社建築をよく伝え、朱塗りの鮮やかな楼門とともに国指定の重要文化財に登録されています。また拝殿は、昭和15年（1940）の建て替えですが、黒漆塗りと檜皮葺、正面に付けた千鳥破風と軒唐破風が荘厳な雰囲気を漂わせ、参拝者を包みこみます。

ご利益―家内安全、産業繁栄、心願成就、災難除け、縁結びなど
創建―紀元前643年
本殿形式―両流造
アクセス―JR成田線「佐原」駅より車10分
参拝時間―自由
電話番号―0478-57-3211

訪れる者を飲み込む深い緑 不動の神域

本殿は三間社流造に
後庇を加えた両流造で、
東西の妻にはそれぞれ孔雀と
鳳凰の装飾が施されている

表参道には奉献された石の灯籠が並び、
神聖な雰囲気に迎えられる

社殿の黒との対比が美しい丹塗りの楼門。
南側の楼上には東郷平八郎の書が掛けられている

要石《かなめいし》

鹿島神宮の要石とともに地震を起こす大鯰を押さえているとされる石。水戸《みと》光圀《みつくに》公が参拝した際に、周囲を掘らせてみても根元を見ることが出来なかったほど地中深くまで埋まっていると伝えられます。

奥宮《おくみや》

楼門から旧参道を西に100メートルほどの場所に鎮座する社に、経津主神の荒御魂《あらみたま》が祀られています。昭和48年(1973)の伊勢神宮遷宮の際に出た古材を用いたという社殿が厳粛な雰囲気。

埼玉・川越 ❖ 小江戸・川越に三英傑の将軍を祀る隠れた文化財

仙《せん》波《ば》東《とう》照《しょう》宮《ぐう》

【三つ葉葵】

徳川家康公《とくがわいえやすこう》

川越大師喜多院の南側に隣接する仙波東照宮は、日光、久能山《くのうざん》に並ぶ日本3大東照宮の1つ。境内の本殿、拝殿、幣殿、唐門、石鳥居などほとんどすべての建造物が国の重要文化財に指定されています。正面の門と鳥居をぬけて石段を上がっていくと、大きな三つ葉葵の紋がついた門の内に、静かにたたずむ社殿の姿が見えてきます。

元和2年（1616）、徳川家康公は駿府城で亡くなると、一度静岡県の久能山に葬られ、翌3年、家康公の遺言に従ってあらためて日光に埋葬されました。久能山から日光へ遺骸を移送する途中、喜多院において4日間の丁重な法要が営まれたゆかりから、家康公の像を造って祀ったのが当宮のはじまり。火災を経て、寛永17年（1640）に3代将軍家光の命で当時の川越城主・堀田正盛《ほったまさもり》を造営奉行として再興されたのが現在の社殿です。

本殿は、三間社流造の銅瓦葺、拝殿は単層の入母屋造。細部の装飾に

1637年に奉納された鷹絵額。幅は約50cm。金箔を塗ったうえに極彩色で描かれ、一羽一羽が鋭い目と爪を光らせている

は家紋である三つ葉葵が多用され、さらには徳川家康が鷹狩りを好んだことから、鷹が象徴的に使われています。また拝殿と幣殿にそれぞれ飾られている、家光奉納の「三十六歌仙絵額」、岩槻城主・阿《あ》部《べ》重《しげ》次《つぐ》奉納の12面の鷹絵額はいずれも重要文化財です。

普段はボランティアが門を管理しているので、正月三が日や例祭日以外の開門は不定期。参拝の際には、事前に川越八幡宮に問い合わせを。

ご利益―出世開運、商売繁盛、諸厄除け
創建―1633年
本殿形式―三間社流造
アクセス―西武新宿線「本川越」駅より徒歩12分
参拝時間―不定（電話にて参拝の予約が可能）
電話番号―049-222-1396（川越八幡宮）

威光を放つ
葵の紋
静けさに漂う
江戸の香り

江戸城から持ち込まれたとされる、埼玉県最古の狛犬。
苔むした色と丸い波状の毛がかわいらしい

参道を歩くと、
遠くからでも三つ葉葵の家紋が
はっきりと見える

瑞垣から垣間見える本殿。さまざまな文様の装飾がほどこされているのが見える。
向拝にはそれぞれ小さな鷹が

本殿の妻には極彩色の優雅な鳳凰が描かれ、両脇に力強い唐獅子がかまえる

歴代の川越藩主が奉納してきた
26基もの石灯篭がずらりと並ぶ

柱の頂部には、布をかけたような
やわらかな装飾と葵の紋

本殿から拝殿を望む。
青銅色の屋根に、年月とともに
深みを増した朱が映える

江《えの》島《しま》神《じん》社《じゃ》

神奈川・藤沢❖三姉妹の天女は華やかに輝く女性の味方

【向かい波に三つ鱗】

市寸島比賣命《いちきしまひめのみこと》
田寸津比賣命《たぎつひめのみこと》
多紀理比賣命《たきりひめのみこと》

江島神社が鎮座するのは、湘南を代表する観光地・江の島。ご祭神の江島大神は、天照大御神《あまてらすおおみかみ》が須佐之男《すさのを》命《みこと》と誓約した際に生まれた3姉妹の女神の総称。3つの社殿には、それぞれ奥津宮に多紀理比賣命《たきりひめのみこと》、中津宮に市寸島比賣命《いちきしまひめのみこと》、辺津宮に田寸津比賣命《たぎつひめのみこと》が祀られています。

古くは「江島明神」、のちに神仏習合により市寸島比賣命が弁財天女とされたことで「江島弁財天」として信仰されるようになり、江戸時代には日本3大弁財天の1つとして江島詣でが大流行。海の神、水の神と共に金運財福、恋愛成就、商売繁盛、芸道上達の神として篤く崇敬されてきました。

社伝では、552年に江の島が隆起し、天皇の勅命により「岩屋」に神様を祀ったのがはじまりとされています。弘仁5年（814）に空海が岩屋本宮（今の奥津宮）を、仁寿3年（853）に慈覚大師が上之宮（中津宮）を創建。その後、源頼朝が当社で戦勝祈願をすると武の神として崇敬されました。

辺津宮境内の奉安殿《ほうあんでん》に安置されているのは、源頼朝が奉納した八臂《はっぴ》弁財天と、芸能の神として篤く信仰されている妖艶な裸弁財天（妙音《みょうおん》弁財天）。2つの神像は江島神社のシンボルとして親しまれています。

海風に吹かれながら江の島の景観を眺め、変化に富んだ全ての社殿をめぐれば、江の島の信仰の原点に触れたように感じられます。

ご利益―金運財福、恋愛成就、商売繁盛、芸道上達など
創建―不明（奥津宮）853年（中津宮）1206年（辺津宮）
本殿形式―権現造（奥津宮、中津宮）入母屋造（辺津宮）
アクセス―江ノ島電鉄「江ノ島」駅より徒歩20分
参拝時間―自由
電話番号―0466-22-4020

人々が瑞々しい気持ちで参拝できるようにと名づけられた「瑞心門」。竜宮城をイメージしてつくられた、優雅な玄関口

すがすがしい
海風にさそわれ
島をめぐり参る

最初に訪れるのは、
1206年創建の辺津宮。
きのこのような注連縄の形は
ほかの社殿にも共通する
江島神社の特徴

法隆寺の夢殿にも似た
8角形の奉安殿。
中には2体の弁財天像が

お店の立ち並ぶ参道にたつ青銅鳥居。
額の字は「江島大明神」

かわいらしく3つ並んだ鈴は、3姉妹を表したものか

社殿をめぐる道中では、さわやかな
相模湾の展望も楽しめる

853年創建、
朱塗りの中津宮。
拝殿脇の小庭園では
水琴窟が
趣のある音色を
聞かせてくれる

奥へ奥へ
信仰の
うまれた海で
心を鎮める

源頼朝の寄進と
言われる石鳥居。
足元の大きな
蘂座が印象的

3姉妹の長女を祀る奥津宮は、
白木の大きな社殿がしとやかな雰囲気。
「江島縁起」に登場する竜神と
天女越しに参拝する

亀は多紀理比賣命の使い。
手水舎の足元には耳の生えた亀が

拝殿の天井に描かれた
「八方睨みの亀」は
どこからでも目があう

岩屋《いわや》

島の南に位置する岩屋は、数々の名僧たちが修行を重ねてきた場。その奥には江島神社の原点といわれるほこらがあります。原始的な社のそばには、子供に乳を飲ませている珍しい狛犬が。参拝したあとには、江の島の海が一層美しく感じられます。

群馬・富岡 ❖ 石段を降ったその先で 谷地に住まう神様に出会う

一之宮貫前神社《いちのみやぬきさきじんじゃ》

総門を入るとすぐに降りの石段がつづき、その先に社殿が待ち構える、全国的にも珍しい「下《くだ》り参道」という形式の神社。鬱蒼とした社叢に囲まれた谷間に、静かにたたずむ社殿の屋根が独特の風情を醸しだしています。

ご祭神は武の神、香取神宮の祭神としても知られる経津主神《ふつぬしのかみ》と、この地方の地主神で養蚕機織りの神の比売大神《ひめおおかみ》です。社伝によれば、創建は今から1400年以上前の531年。この地の豪族物部《もののべ》姓磯部《いそべ》氏が、氏神の経津主神を蓬ヶ丘綾女谷《よもぎがおかあやめがたに》（当地の古い呼び名）に祀ったのがはじまりと伝わります。平安中期に『延《えん》喜式《ぎしき》』の名神大社に格付けされ、霊験あらたかな上野国《こうずけのくに》一之宮として広く崇敬を集めました。

華麗な漆塗り極彩色の本殿・拝殿・楼門は、寛永12年（1635）、3代将軍徳川家光の命によって建てられたもので、いずれも国の重要文化財に指定されています。本殿は「貫前造《ぬきさきづくり》」と呼ばれる建築様式が特

【三つ巴（尾長）】

経津主神《ふつぬしのかみ》
比売大神《ひめおおかみ》

仮宮の敷地からは、楼門・拝殿・本殿の屋根の連なりを眺めることができる。社殿を見下ろすのは、谷地に建つ当社ならではの光景

徴的。見た目には屋根の上に千木と鰹木があり、切妻屋根の正面に向拝が付く春日造と同じですが、内部は2階建てになっていて、上階にご祭神が祀られています。

下り参道を降りる手前の左側に広がる敷地は、当社が12年ごとに式年遷宮をする際に仮宮を建設するための場所。その正面奥（北側）に鎮座する末社・日枝神社の欄間には、日光東照宮の神厩舎《しんきゅうしゃ》と同じ「見ざる・言わざる・聞かざる」の三猿の彫刻が施されています。

ご利益―家内安全、交通安全、厄除けなど
創建―531年
本殿形式―貫前造
アクセス―上信電鉄「上州一之宮」駅より徒歩15分
参拝時間―自由
電話番号―0274-62-2009

唯一無二の特別な社 神様は二階に訪れる

楼門によって守られた、密かな神域へともぐっていくような感覚

欄間や柱に細かく施された
平面的装飾は、江戸初期の社殿の特徴でもある

本殿の正面妻の「雷神小窓」。雷神さまが本殿をいつでも出入りできるようにと、稲含山に向けて設けられている

拝殿軒下に描かれているのは、波間を走る「サイ」。水辺の動物として中国を通じて伝聞で伝わり、防火を祈念して描かれた

こんな見どころも

日枝《ひえ》神社《じんじゃ》

大山咋神《おおやまくいのかみ》のほか、近隣の氏神17柱の神々を祀った末社。社殿は寛永12年以前の古い本殿を移築したものとされています。6面にわたって描かれた猿の一生の中には、あの三猿も。

本殿の脇障子。一筋ずつ繊細に作られた滝の水と鯉の金が美しい

東京・府中 ❖ 東北平定も後押しした武蔵国の守護神

大《おお》國《くに》魂《たま》神《じん》社《じゃ》

「武蔵国総社」「六所明神《ろくしょみょうじん》」とも呼ばれる大國魂神社は、古代において武蔵国《むさしのくに》の政治・経済・文化の中心だった武蔵国府の面影を今に伝える、都内でも随一の古社。天然記念物のケヤキ並木の参道を進み、立派な白い御影石の鳥居をくぐると、静かな緑が参拝客を迎えます。境内は近隣住民の生活の道でもあり、当社に親しむ人々の往来は平日でも朝から1日中絶えることがありません。

社伝によれば、景行天皇41年（111）、武蔵国の守護神である主祭神の大國魂大神（大国主命）の託宣によって創建されたのが当社の起源。その後、武蔵国が誕生すると、府中の地に国府が置かれます。そして国司が武蔵国内諸神へ奉幣参拝するのに便利なよう、国内の有力な神様六柱を合祀したことから「武蔵国総社」となりました。

当社の社殿は、北向きに建てられていることが大きな特徴。源頼義・義家父子が東北平定の戦勝祈願に訪れた際、その恩恵を追い風とするために、もとは南向きだったものを北向きに改めました。また寛文7年（1667）造営の本殿は、3つの社殿を1つにつなげた一棟三殿の九間社流造という珍しい形式。これは6社を合祀したことに由来する特徴で、本殿中央に大國魂大神と御霊大神（素盞嗚尊《すさのをのみこと》とも）、国内諸神を祀り、東側に小野神社、二宮神社、氷川神社、西側に秩父神社、金鑽《かなさな》神社、杉山神社のご祭神がそれぞれ祀られています。

【菊紋】

大國魂大神《おおくにたまのおおかみ》

ご利益―厄除け、縁結び
創建―111年
本殿形式―九間社流造
アクセス―京王線「府中」駅より徒歩5分
参拝時間―4月1日―9月14日：6時―18時
9月15日―3月31日：6時30分―17時
電話番号―042-362-2130

北向きに建てられた社殿は、太陽を背負った姿が厳かな雰囲気。注意深く見れば、注連縄の紙垂が通常と逆に折られていることがわかる

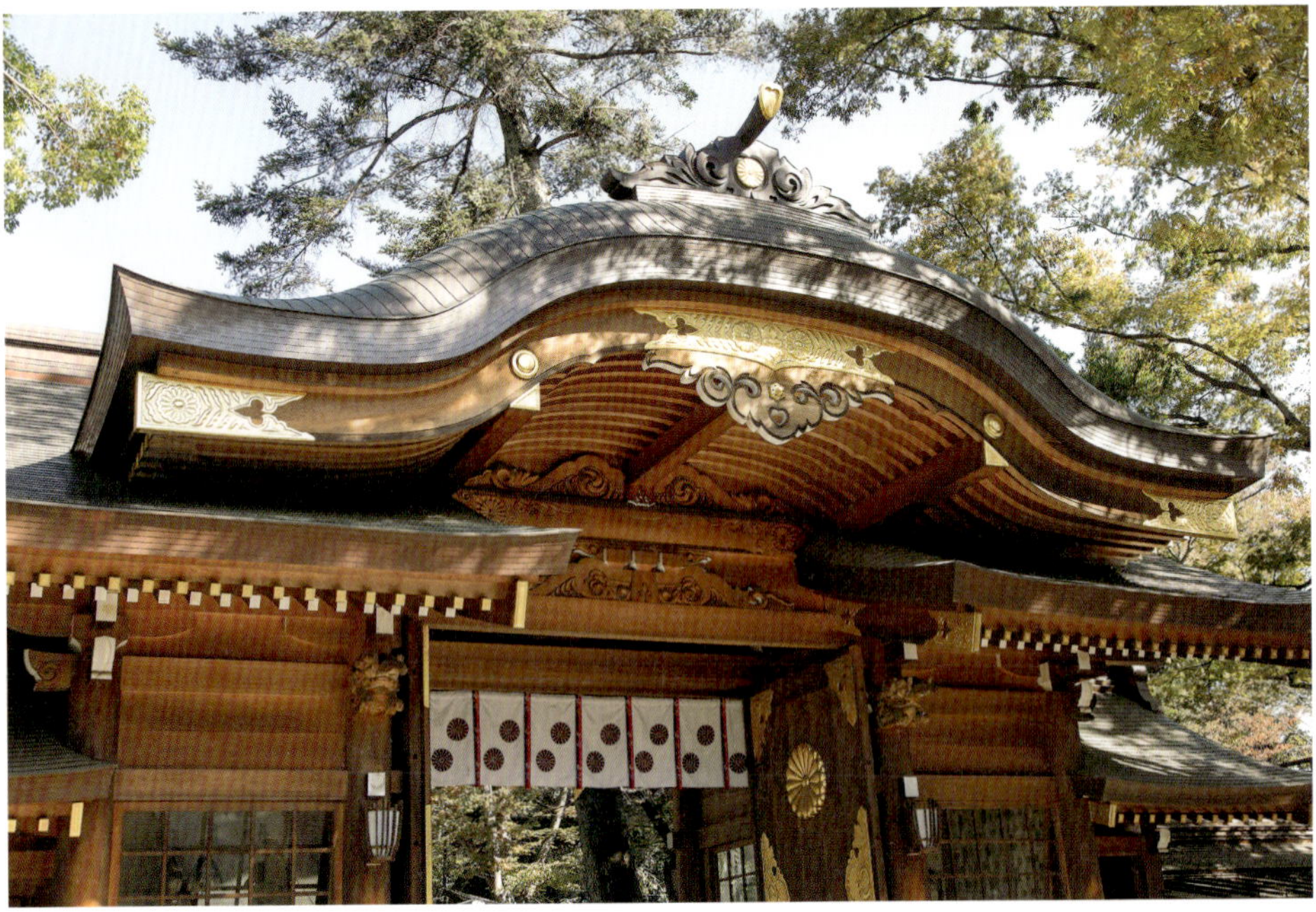

木造の門として最大級の大きさを誇る随神門。
平成23年に築造されて新しく、
彫刻や飾り金具の鮮明さが美しい

先々代の随神門を奉納した
川崎定孝は、象の糞から作った
漢方薬で財をなした人物だった

明治30年造営の手水舎。
4面に施された龍の
透かし彫りはもちろん、
その洗練された
シルエットが印象深い

日々の暮らしを優しく包む安らぎの境内

中雀門前で木の根のような台座に乗る狛犬。丸みを帯びた形がかわいらしい

本殿を北向きに変えた関係で、当社では上座・下座が逆。社殿の左側に一之宮から三之宮、中央に本社、右側に四之宮から六之宮のご祭神が鎮座する

❖こんな見どころも❖

宮乃咩神社《みやのめじんじゃ》

芸能・安産の神として知られる天鈿女命《あめのうずめのみこと》を祀る摂社です。ここで安産祈願をするときに奉納するのは、穴の開いたひしゃく。穴から水がこぼれるような円滑な出産を、という意味がこめられています。

東京・赤坂 ❖ 江戸城から皇居へ 東京を見守り続ける山王さん

日《ひ》枝《え》神《じん》社《じゃ》

【二葉葵】

大山咋神《おおやまくいのかみ》
国常立神《くにのとこたちのかみ》
伊弉冉神《いざなみのかみ》
足仲彦尊《たらしなかつひこのみこと》

国会議事堂近く、都心のど真ん中に鎮座する日枝神社。江戸郷の産土《うぶすな》神《がみ》、江戸城鎮護の神、明治以降は皇城（皇居）鎮護の神として篤く崇敬され、今日まで「山王《さんのう》さん」として親しまれてきました。裏参道側の外堀通り沿いにそびえる真っ白な大鳥居の先、樹木が生い茂った小高い丘の山王台地が神域です。国会議事堂のある永田町側が神社の表参道の「山王男坂」。三角形の装飾をのせた山王鳥居は日吉神社にも見られ、山王信仰の象徴とされています。

当社は、江戸郷を支配した江戸氏が山王宮を祀り、さらに江戸城築城の際、太田《おおた》道灌《どうかん》が守護神として川越山王社を勧請したことが起源とされています。その後、天正18年（1590）に徳川家康が江戸城内の鎮守社としましたが、2代将軍秀忠が江戸城大改築を行なった際に庶民も参拝できるようにと現在の国立劇場付近に遷座。現在地へは明暦の大火で焼失した後に4代将軍家綱によって移されました。現在の社殿は、

赤坂のビル群の中にありながらも、真っ白な山王鳥居は神聖な雰囲気に満ちている

昭和20年の戦火で焼けたあと昭和33年に再建されたものです。

ご祭神の大山咋神は、もともとは比叡山に宿る山の神。その神使である猿は古くから「神猿（まさる）＝魔が去る・勝る」と呼ばれ、厄除け・魔除けのシンボルとして親しまれています。当社にも社殿の前に夫婦猿の像が置かれており、安産・子育てのご利益や良縁をもたらすとして像をなでていく参拝客が絶えません。

ご利益―厄除け、安産、縁結び、商売繁盛、社運隆昌など
創建―鎌倉時代初期
社殿形式―権現造
アクセス―東京メトロ千代田線「赤坂」駅より徒歩3分
社務所―4―9月：5時―18時
10―3月：6時―17時
電話番号―03-3581-2471

楼門には「皇城之鎮」の文字。皇居鎮護の神として崇敬を受けていることのあらわれ

変わり続ける大都会
変わらず支える
鎮守の社

母猿は、子猿を抱いていることから
子宝や安産のご利益が
あると言われている

ハート型に見える絵馬は、
社紋の葵の葉をかたどったもの

エスカレーターのついた
近代的なつくりや
アクセスの良さから、
連日多くの人で
賑わっている

こんな見どころも

山王稲荷神社《さんのういなりじんじゃ》 八坂神社《やさかじんじゃ》 猿田彦神社《さるたひこじんじゃ》

山王稲荷神社と八坂神社・猿田彦神社の合祀社。拝殿の中に入ると、もともとの鳥居が現在でも柱として名残をとどめています。裏手にまっすぐに伸びた稲荷参道の千本鳥居は、境内で1番人気の写真スポットです。

❖天を突く奇岩のふところに抱かれた「岩社」

妙《みょう》義《ぎ》神《じん》社《じゃ》

【菊紋】

日本武尊《やまとたけるのみこと》
豊受大神《とようけのおおかみ》
菅原道真公《すがわらのみちざねこう》
権大納言長親卿《ごんだいなごんながちかきょう》

赤城山、榛名山と共に上毛3山の1つに数えられている妙義山。まるでのこぎりの歯のように切り立つ姿から日本3大奇勝にも数えられ、古くから農神や雨乞いの神として崇敬された山岳信仰の霊山です。その東の山腹に鎮座する当社は、創建が537年にもさかのぼる古社。ご祭神は、日本武尊《やまとたけるのみこと》、豊受大神《とようけのおおかみ》、菅原《すがわらの》道真公《みちざねこう》、権大納言長親卿《ごんだいなごんながちかきょう》を祀り、開運、商売繁盛、家内安全などのご利益ありとされています。

古くは「神の降臨する聖なる岩の山」を意味する「岩社《いわこそ》」から変化した「波己曽社《はこそ》」と呼ばれ、のちに長親卿が妙義山を「明々魏々《めいめいぎぎ》」と称えた言葉から「妙義《みょうぎ》」と改めたそう。近世には、妙義山を信仰する人々の集まりが関東各地に組織され、当社は多くの参詣者でにぎわいました。

境内の建造物は、江戸中期の宝暦年間から安永年間にかけて行われた大造営によって現在の姿に整えられたもの。1756年の建造になる権現造の本殿・幣殿・拝殿と、唐門、1773年の総門が国の重要文化財に指定されています。様々な霊獣や仙人、扇など、各建物の周囲を飾る多彩な彫刻は、日光東照宮の彫刻師の流れをくむ職人によるものと伝わっています。

境内の上部は神域、下部は旧寺域となっており、その間をつなぐのが165段の長くけわしい石段。神域にたどりついたときには、苦労して登り詰めた達成感と共に、眼前に広がる関東平野の爽快な眺望に心を洗われるようです。

ご利益――家内安全、商売繁盛、交通安全、合格祈願など
創建――537年
本社形式――権現造
アクセス――JR信越本線「松井田」駅より車で15分
参拝時間――自由
電話番号――0274-73-2119

1719年建造の銅鳥居の向こうに、切立つ妙義山の山肌を望む。境内からの登山道があり、安全祈願に訪れる登山客の姿も

1773年建造の総門。元は境内下部にあった石塔寺の仁王門として建っており、
今もその両脇には朱色の仁王象が構える

妙義山の安山岩で築かれた石垣。
そのなめらかさは一枚岩のよう

青銅鳥居の足元で、小さな狛犬が健気に参道を守る

鳥居と同じく青銅製の灯篭。笠と火袋には、
天狗の象徴でもある羽団扇が社紋の菊と並んであしらわれている

石垣で築かれた高くそびえる神域を目指して

165段は楽な道のりではないが、
社殿へ足を運ぶ参拝客はやまない。
なお右手の傾斜の緩い女坂からも
社殿に参拝できる

飾り金具から天井画まで、
緻密な技巧がつめこまれた唐門は必見

唐門の壁に施された
松に鳳凰の透かし彫り。
繊細に表現された羽毛と
迫真の表情は、今にも
はばたき出しそうなほど

拝殿を参拝して視線をあげると、
眩しいほどに煌びやかな龍が

黒漆塗りの銅板葺社殿。荘厳なたたずまいで参拝の人々をねぎらう

神様にささげる繊細で流麗な彫刻の数々

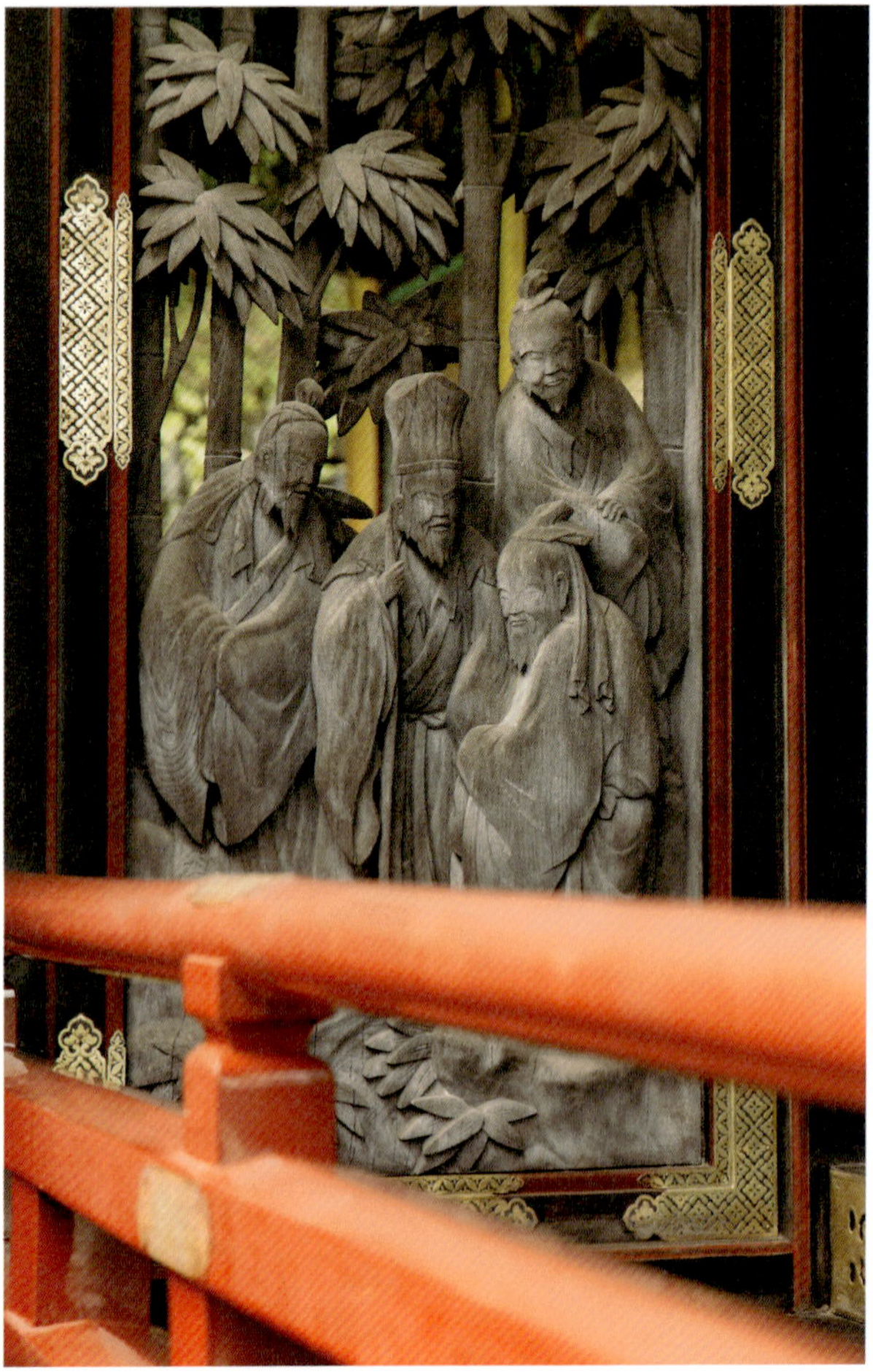

拝殿の脇障子の透かし彫り。窮屈な世の中を逃れ、竹林で清談にふけったという中国の故事「竹林七賢者」を描く

人間の使う拝殿・幣殿（奥）と祭神の住まいの本殿（手前）では、床の高さや彫刻のモチーフまでもが異なる

拝殿の欄間には、
咲き乱れる牡丹の花と
唐獅子が鮮やか

妙義山の1つ白雲山に
見える、真白の「大の字」。
妙義神社に参拝できない人々が
ふもとからこの字を拝んだという

東京・虎ノ門❖出世の石段かけのぼり　火の神様が宿る社へ

愛《あ》宕《た》神《ご》社《じん》《じゃ》

【三つ葉葵】

火産霊命《ほむすびのみこと》

愛宕神社が位置するのは、東京23区内にある自然の山では1番高い標高26メートルの愛宕山の山頂。樹木が鬱蒼と茂る境内は、春の桜や秋の紅葉など、四季折々の表情で訪れる人の目を楽しませます。昼休み時になれば、境内は近隣のオフィス街で働く人々のオアシスのような安らぎの場となります。

当社は、慶長8年（1603）、江戸に幕府を開いた徳川家康の命により防火の神様として創建。本社をはじめ仁王門、坂下総門、別当所などが将軍家の寄進により建立されます。以来、幕府や江戸市民の崇敬を集めると同時に、参勤交代で江戸にやって来た武家が分霊を地元に祀ることで、愛宕信仰拡大の発信拠点にもなりました。しかし度重なる震災や空襲により、社殿が焼失。現在の本殿、幣殿、拝殿などは、昭和33年に再建されたものです。

ご祭神は、火の神の火産霊命《ほむすびのみこと》を主神として水の神の罔象女命《みずはのめのみこと》、山の神の大山祇命《おおやまづみのみこと》、武徳の神の日本武尊《やまとたけるのみこと》も

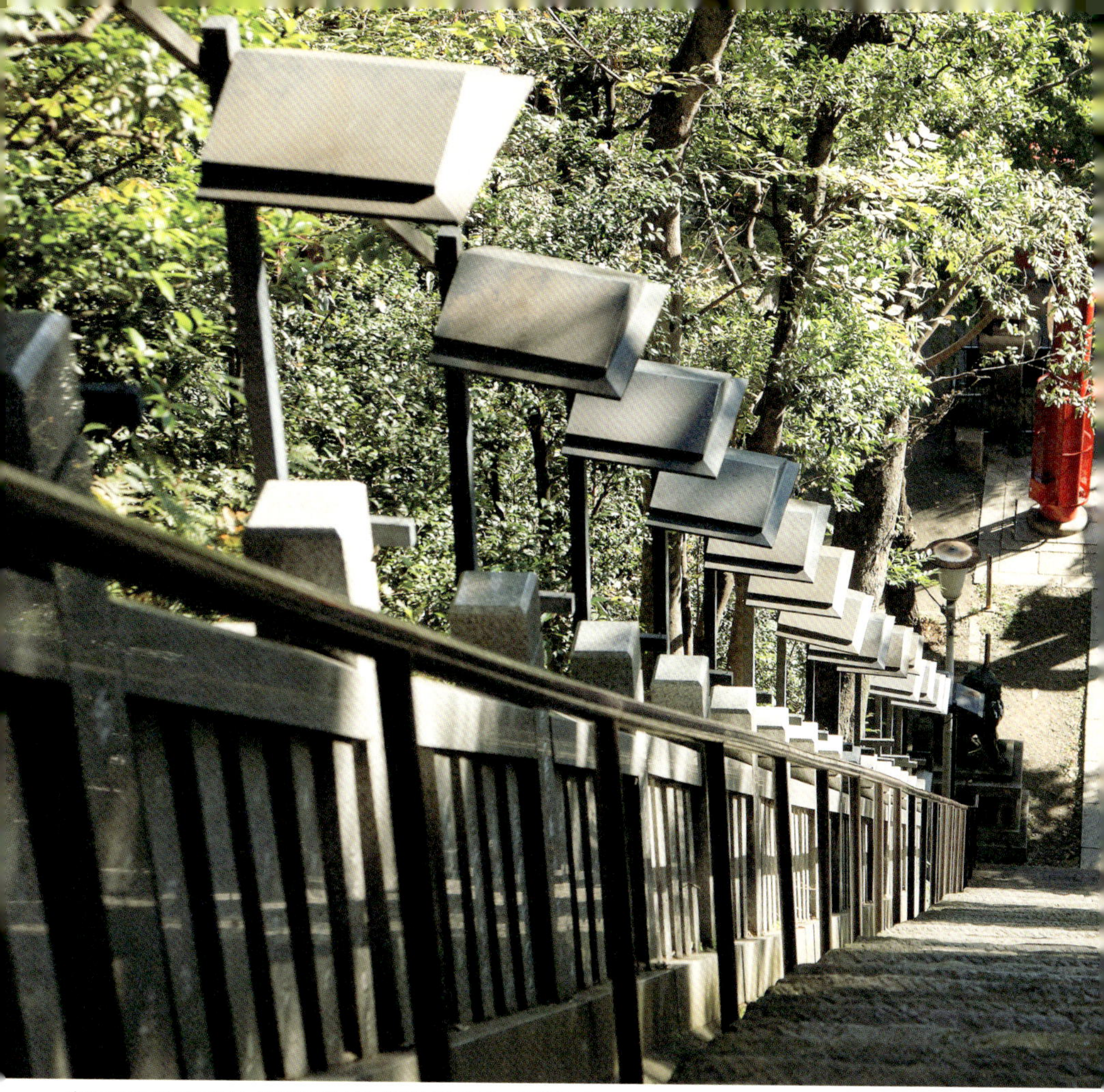

出世の石段。馬で上下したとは思えないけわしさに作り話と疑う人も多いが、明治以降にもこれに成功した人物がいるそう

祀っており、そのご利益は、防火・防災をはじめ、印刷・コンピュータ関係、商売繁昌、恋愛、結婚、縁結びなど様々です。

愛宕神社正面から本殿へと上る傾斜約40度の急な石段（男坂）は、「出世の石段」として有名。86段の石段を一気に馬で登り降りして山頂の梅を手折り、3代将軍徳川家光に献上して「日本一の馬術の名人」と取り立てられたという、曲垣平九郎《まがきへいくろう》の逸話に由来しています。

ご利益――防火、防災、印刷・コンピュータ関係、商売繁盛、恋愛、結婚、縁結び
創建――1603年
本殿形式――神明造
アクセス――東京メトロ日比谷線「神谷町」駅より徒歩5分
参拝時間――自由
電話番号――03-3431-0327

都心で心癒す　なごやかな　ひととき

江戸時代、曲垣平九郎が
将軍徳川家光に献上したと言われる梅

正面の急な「出世の石段（男坂）」の右手には、
傾斜のゆるやかな女坂もある

丹塗りの門との色合わせが美しい、落ち着いた白木の社殿では主祭神「火産霊命」を祀っている

迷い猫も今では
参拝者の人気者に

こんな見どころも

弁財天《べんざいてん》

境内には市杵島姫命《いちきしまひめのみこと》を祭神とする末社、弁財天社もあります。裏手の深い緑色の池は、金運のご利益が頂けるという名水・児盤水《こばんすい》＝小判水です。

茨城・笠間 ❖ 名工の技光る文化財に宿る 命を育むお稲荷さん

笠間稲荷神社《かさまいなりじんじゃ》

笠間焼で全国的に知られる陶芸の里・笠間市。その中心部に鎮座する笠間稲荷神社は、日本3大稲荷の1つとして広く知られ、多くの参拝者から崇敬を集めています。

ご祭神は、商売繁盛、五穀豊穣のご利益で知られる食物神の宇迦之御《うかのみ》魂神《たまのかみ》。通称「お稲荷さん」として、全国に祀られている神様です。

創建は、社伝によれば白雉2年（651）と伝わっています。江戸中期の寛保3年（1743）、笠間城主・井上正賢《いのうえまさかた》が社地社殿を拡張。その後笠間藩の祈願所に定められるなど、歴代笠間藩主の篤い尊崇を受けてきました。

本殿は、江戸末期に再建された銅瓦葺総ケヤキの社殿。周囲には当時の名工後藤縫之助《ごとうぬいのすけ》の作である「三頭八方睨みの龍」「牡丹唐獅子」など精巧を極めた彫刻がほどこされ、本殿全体が国の重要文化財に指定されています。

萬世泰平門《まんせいたいへいもん》と呼ばれる楼門内には、背に神を表す御幣を乗せた白馬と黒馬2頭の神馬が納められています。これは稲が育つために必要な光と雨を象徴していると伝えられ、江戸時代に領民が奉納したもの。また瑞鳳《ずいほう》閣《かく》は、大正6年に建造された近代和風建築。平安神宮、築地本願寺などを手掛けた伊東忠太《いとうちゅうた》の設計によるものです。

多くの見どころを持つ当社ですが、秋の「笠間の菊祭り」ではたくさんの菊人形や菊花壇を展示。菊を楽しむ人々で毎年いっそうの賑わいを見せています。

【抱き稲穂】

宇迦之御魂神《うかのみたまのかみ》

ご利益――商売繁盛、五穀豊穣、厄除開運、学業成就
創建――651年
社殿形式――権現造（本殿・流造）
アクセス――JR水戸線「笠間」駅より徒歩約20分
参拝時間――自由
電話番号――0296-73-0001

本殿周囲には、本殿を火から守るために「水」を中心に描かれる「蘭亭曲水の図」が、外壁３面に渡って計７枚彫られている

大名から町民まで人々に慕われ続ける暮らしの神様

楼門からは、
昭和35年に造営された
壮麗な拝殿が見える

手水舎の欄間には、
後藤縫之助の弟子が彫ったという、
天岩戸伝説をモチーフにした彫刻が

多くの絵馬や額が奉納された、吹き抜けの絵馬殿。
かつて胡桃林があったことから、胡桃下稲荷とも呼ばれた

境内のいたるところにいる
狐はそれぞれ表情豊か。
見比べてみるのも面白い

こんな見どころも

聖徳殿《しょうとくでん》

社殿右手の聖徳殿は、その名の通り聖徳太子が祀られている珍しい摂社。常陸七福神の大黒天《だいこくてん》（大国主大神）、事比羅社《ことひらしゃ》（大物主大神）も合祀されています。

瑞鳳閣《ずいほうかく》

縦長に伸びた境内の奥に現れる、近代和風建築の端正な建物。建設当時は、高価で買うことが出来なかった本を庶民に貸す、図書館のような場所として利用されていました。

栃木・日光 ❖ 太平の世をもたらした天下人の将軍が眠る霊廟

日《にっ》光《こう》東《とう》照《しょう》宮《ぐう》

1999年に世界遺産に登録された日光東照宮は、江戸幕府を開いた徳川家康公を東照大権現《とうしょうだいごんげん》として祀る神社。戦乱の世を終わらせ260年に及ぶ太平の時代の礎を築いた功績から、事業繁栄、学業成就、出世、仕事運などの霊験あらたかとされています。

家康公が駿府《すんぷ》城で75年の生涯を閉じた翌年（1617）、遺言によってその霊が日光に祀られたのが当宮のはじまり。一説には、江戸の真北の北極星にあたる位置の当宮では、「関八州の守り神になる」という家康公の遺志に従い、主要な建物が北斗七星の配置を模して建てられているともいわれます。

現在の建造物のほとんどは、寛永13年（1636）の3代将軍家光による造営。本殿・石の間・拝殿からなる社殿の形式は、東照大権現の名前にちなんで「権現造」と名づけられ、各地の神社建築に流行しました。

その御本社をはじめ正面及び背面の唐門、東照宮のシンボルともいえる

【三つ葉葵】

徳川家康公《とくがわいえやすこう》

陽明門には、中国の故事や霊獣をかたどった彫刻が計508体もあるという。折り重なり迫り来るその物量と色彩に、徳川家の威光を感じざるをえない

壮麗な陽明門《ようめいもん》など8棟が国宝で、ほかに重要文化財の建築は34棟にのぼります。社殿を飾る装飾は狩野探幽《かのうたんゆう》の一門をはじめ各分野での当時随一の職人が登用され、その技術が十二分に発揮されています。そんな数ある彫刻のなかでもとりわけ有名なのが、神馬を飼う神厩舎《しんきゅうしゃ》の欄間の「三猿」（重文）や、坂下門にある左《ひだり》甚五郎《じんごろう》作の「眠り猫」（国宝）。小さな彫刻にこめられた物語を楽しめるのも当宮の魅力です。

ご利益——事業繁栄、学業成就、仕事運、出世
創建——1617年
社殿形式——権現造
アクセス——東武鉄道「東武日光」駅よりバス7分
参拝時間——4—10月：8時—17時
11—3月：8時—16時
電話番号——0288-54-0560

言わずとしれた三猿は、9面にわたって人の一生を描いた彫刻の
幼年期にあたる場面。挫折や友の慰め、恋、結婚、子育てへと続く

五重の塔は、上から太い柱を下げて
揺れを吸収する「心柱構造」で知られる

3つの建物からなる三神庫。
三角形断面の木材を
組み合わせた「校倉造」は、
調湿機能に優れた建築様式

廻り廊（国宝）では、国内最大級を誇るしなやかな花鳥の透かし彫りが参拝者を迎える

境内の社殿配置は、陽明門の美しさが
最も衝撃的に映るように計算されているという

3代将軍家光が
気に入ったという
「飛び越えの獅子」は
知る人ぞ知る
見どころのひとつ

建物は完成した瞬間から
崩壊が始まるとの
言い伝えから、
永遠に完成しないようにと
柱のぐり模様が
1本だけ逆さに(中央)

陽明門の表には遊ぶ子供、
裏には仙人の姿が生き生きと描かれる

見る者の時を奪う江戸最先端の技巧の連続

欄間にひしめく仙人たちは1本の木をくりぬいたもの。風が吹いたら壊れてしまいそうな儚さに、時間がたつのを忘れてしまう

贅を極め 美を凝縮した 徳川の栄光の記憶

唐門の扉を飾る
寄木細工の龍や花。
胡粉の白とのコントラストが
繊細さを際立たせる

唐門は、全ての細部が多種多様な
モチーフの装飾で埋め尽くされている

坂下門の眠り猫は
左甚五郎の作。
日光にまどろむ姿とも、
門を守護する臨戦態勢とも、
どちらにも解釈できる
多面性が巧み

奥宮《おくみや》

石段を上り参拝するのは、徳川家康が眠るとされる奥宮。拝殿は一転して落ち着いた色合いですが、近づいて見れば全体を銅や真鍮で覆った上に細かな模様が彫られ、さすが日光東照宮といった手の込みようです。その先には3つの仏具と、家康の墓標とも言える宝塔が鎮座しています。

大《だい》宝《ほう》八《はち》幡《まん》宮《ぐう》

茨城・下妻 ❖ 数多の武士を鼓舞した 関東最古の八幡さま

境内が南北朝時代の「大宝城《だいほうじょう》址《し》」として国の史跡となっている当宮は、天平時代の幕開けと共に1300年余の歴史を刻んできた「関東最古の八幡宮」を誇る古社。社伝では、大宝元年（701）、藤《ふじ》原 時忠《わらのときただ》が九州の宇佐神宮《うさじんぐう》を勧請したのがはじまりとされます。以来、多くの著名な武士たちが当宮の八幡神に必勝を祈願してきました。例えば平安中期には、古代史上にも有名な将門の乱の際、平将門《たいらのまさかど》がここで「新皇の位」を授ける八幡大菩薩のお告げを受けたという伝承が知られています。

現在の三間社流造の本殿は天正5年（1577）の再建。白木造りでシンプルですが、どっしりとした構えから放つ威厳は見る者全てを圧倒するほど。桃山時代の地方建築の特徴を残す建造物として、国の重要文化財にも指定されています。また神仏分離以前には境内に8つの寺院が入っていたため、境内の建物には神仏習合の名残が色濃く残っているのも当宮の特徴の1つ。立派な随身門の仁王像、鐘突き堂や祖霊殿など、神社と寺の建物の特徴の違いを見つけるのも楽しみです。

ご祭神は、殖産興業・文化の生みの親でもあり、武をつかさどる誉田別命《ほんだわけのみこと》（八幡さま）とその父母神の足仲彦命《たらしなかつひこのみこと》・気長足姫命《おきながたらしひめのみこと》の三柱。ご利益は、招福、厄除け、事業繁栄、家内安全など多岐にわたりますが、とくに近年は社名の「大宝」から、宝くじ当選のご利益で話題となっています。

ご利益―祈願成就、財運招福など
創建―701年
本殿形式―三間社流造
アクセス―関東鉄道常総線「大宝」駅より徒歩3分
参拝時間―自由
電話番号―0296-44-3756

【菊紋と三つ巴】

誉田別命《ほんだわけのみこと》
足仲彦命《たらしなかつひこのみこと》
気長足姫命《おきながたらしひめのみこと》

柱が太くダイナミックな印象に比べ、組み物は小柄で複雑なのが特徴の本殿。中央に掲げられた額は光格天皇より賜ったもの

境内の随所に神仏習合の名残を楽しむ

拝殿正面の軸線上に灯篭をおくのは、寺院建築の配置の特徴

参道の両脇に
ずらりと並ぶ狛犬の数が、
当宮への信仰の篤さを物語る

拝殿で参拝客を迎えるのは、目力満点の狛犬。金色の吊り灯篭がこれを囲み、どことなく寺院の雰囲気も感じられる

入り口の随身門には、
臨場感あふれる仁王像が
おさめられている

手水舎ごしに鐘突き堂が見えるのも、当宮ならではの光景

境内の摂社黒鳥神社の地紋彫りには、
そのものずばり卍の模様が

こんな見どころも

祖霊殿《それいでん》

もとは江戸末期、大宝寺の護摩堂《ごまどう》として建てられた建物。大宝寺の遺構としては唯一のものです。神社の社殿とは対照的に、龍や獅子の彫刻に欄間の花の装飾などが華やかで、寺院の建物が豪奢につくられていたことがわかります。

東京・浅草 ❖ 粋な江戸っ子が慕う 福を呼ぶおとりさまの社

鷲《おおとり》神《じん》社《じゃ》

【月星紋と九曜紋】

天日鷲命《あめのひわしのみこと》
日本武尊《やまとたけるのみこと》

年の瀬の風物詩・酉《とり》の市で有名な浅草の鷲神社。鎮座地の千束3・4丁目付近は、江戸時代には「吉原」と呼ばれ幕府公認の吉原遊廓として栄えていました。吉原は神社のちょうど裏手にあたり、11月の酉の市開催時には遊郭が開放されて大いに賑わったそう。

　ご祭神の天日鷲命《あめのひわしのみこと》は、岩屋へ閉じこもってしまった天照大御神を誘い出すため、にぎやかに楽器を演奏した神様。楽器に鷲が降り立ち、「世を明るくする吉祥を現す鳥」と喜ばれたことで鷲の名が入っています。のちに諸国の土地を開き、五穀豊穣、開運、商売繁盛の霊験あらたかな神様として当地に祀られ、福の神の役割を持つめでたい神様として信仰されました。

　一緒に祀られている日本武尊《やまとたけるのみこと》は、東征の際に当社に戦勝祈願して勝利し、社前の松に武具の熊手を掛けて勝利を祝いました。これが11月の酉の日であったため、以後この日が例祭日とされ「酉の市（もとは酉の

入り口の叉木に掛けられた大熊手には、招き猫や達磨などその年ごとに様々な縁起物が飾られる

祭)」が行なわれるようになったと伝わります。またこの熊手が酉の市で売られる「福熊手」の起源となったそう。

干支のめぐり合わせで年によって2回、3回と開催日が異なる酉の市。この時期には、参道入口の叉木に、招き猫や達磨など様々な縁起物が飾られた大熊手が掲げられ、華やいだ雰囲気に。熊手店約150店舗が建ち並び、威勢のいい売り子の声が響き渡る境内は毎年約80万もの人でにぎわいます。

ご利益――開運、商売繁昌、武運
創建――不明
社殿形式――権現造
アクセス――東京メトロ日比谷線「入谷」駅より徒歩7分
参拝時間――自由
電話番号――03-3876-1515

江戸時代頃から「鳥の社（とりのやしろ）」
「御鳥（おとり）」といわれ、
現在も「おとりさま」として崇敬されている

大鳥と書く神社もあるが、
当社は鷲（わし）と書いて
おおとりと読む

石造の二の鳥居は、
180年も前からあったとされる

祭りで受け継ぐ下町のにぎわいと笑顔

こんな見どころも

瑞《ずい》鷲《じゅ》渡《わたり》殿《でん》

平成25年以降、1月7日（七草）、2月の節分、11月の酉の市の年3日には、鷲神社の地舞として考案された「鷲舞ひ」がこの瑞鷲渡殿で行なわれます。

なでおかめ

拝殿にある大きな木のおかめ。「おでこをなでれば賢くなり 目をなでれば先見の明が効き 鼻をなでれば金運がつく 向かって右の頬をなでれば恋愛成就 左の頬をなでれば健康に 口をなでれば災いを防ぎ 顎から時計回りになでれば物事が丸く収まる」と伝わります。

湯《ゆ》島《しま》天《てん》満《まん》宮《ぐう》

東京・湯島 ❖ 関東屈指の学業の聖地・湯島に座する力と知の神

【梅鉢】

天之手力雄命《あめのたぢからをのみこと》
菅原道真公《すがわらみちざねこう》

文京区南東端の武蔵野台地の突端、不忍池《しのばずのいけ》を眼下にする高台にある湯島天満宮。不忍通りの湯島駅方面からは、急な石段の男坂、早春には咲き誇る梅と立派な石垣の女坂が独特な風情を見せます。通称・湯島天神の名で親しまれ、亀戸天神社、谷保天満宮と共に江戸3大天神の1つに数えられる湯島天満宮は、とりわけ多くの合格祈願者が押し寄せることから「合格祈願のメッカ」などともいわれます。

創建は、雄略天皇2年（458）に勅命により天之手力雄命《あめのたぢからをのみこと》を祀ったのがはじまり。天照大御神が閉じこもった天の岩戸をこじあけ、太陽を取り戻した力の神様です。その後、南北朝時代の正平10年（1355）、地元民によって菅原道真公の霊が合祀されて現在に至っています。徳川家康は当社を篤く崇敬し、天正19年（1591）に朱印地を寄進。元禄3年（1690）に5代将軍綱吉によって湯島聖堂が創建されたことで、湯島は学問の中心地として人々に知られるようになりました。

現在の社殿は平成7年（1995）造営の権現造で、樹齢250年の木曽ヒノキを用いた日本古来の「木の文化」を象徴する純木造建築。拝殿内部には龍の天井画が描かれています。拝殿欄間の牛の彫刻や柱の足元に施された金色の小さな唐獅子など、見どころの多い社殿です。

境内は梅の名所としても有名で、開花期の「梅まつり」では境内が紅白の華やかな景色に彩られ、多くの見物客でにぎわいます。

ご利益――学業成就、芸道上達、仕事運、開運
創建――458年
社殿形式――権現造
アクセス――東京メトロ千代田線「湯島」駅より徒歩2分
参拝時間――6時―20時
電話番号――03-3836-0753

木目に上品な赤が美しい、社務所から拝殿へと続く太鼓橋。この下をくぐり、社殿をぐるりと一回り眺めることができる

社殿を囲む玉垣の外側に、はちきれそうなほどの合格祈願の絵馬。冬の風物詩とも言える

手水舎の両側に据えられた、丸く座り込む撫で牛

幾多の願いが
積み重なり
困難に打ち勝つ
強さとなる

表鳥居からの社殿の見え方に配慮し、正面の破風は
とりわけ大きく立派に作られている

拝殿よりもさらに高く
立派につくられた本殿。
総ヒノキの社殿が
青空に映える

こんな見どころも

梅《ばい》園《えん》

江戸時代から梅の名所として知られてきた湯島天満宮。境内には、紅白さまざまな10種類以上の梅が約300本植えられています。風情ある太鼓橋や池がつくられた日本庭園に梅の香りが漂い、やがて来る春の訪れを知らせます。

埼玉・秩父 ❖ 物語と技に彩られた生命力あふれる神社

秩《ちち》父《ぶ》神《じん》社《じゃ》

【二つ銀杏】

八意思兼命《やごころおもいかねのみこと》
知知夫彦命《ちちぶひこのみこと》
天之御中主神《あめのみなかぬしのかみ》
秩父宮雍仁親王《ちちぶのみややすひとしんのう》

秩父神社は、三峯神社、寳登山神社と共に秩父3社に数えられ、古くから秩父地方の総鎮守として崇められてきた古社。創建は、知知夫国《ちちぶのくに》の初代国造《くにのみやつこ》である八意思兼命《やごころおもいかねのみこと》の子孫、知知夫彦命《ちちぶひこのみこと》が祖神をお祀りしたことにはじまります。

　ご祭神は、政治・学問・工業・開運の祖神で知恵の神の八意思兼命、秩父地方開拓の祖神の知知夫彦命、北辰妙見（妙見様）と同神の天之御中主神《あめのみなかぬしのかみ》、昭和天皇の弟宮の秩父宮雍仁親王《ちちぶのみややすひとしんのう》の四柱で、そのご利益は厄除け、学業成就・入試合格、子宝子育、身体健康などです。

　現在の社殿は、戦国時代末期の天正20年（1592）に徳川家康が寄進したもの。江戸初期の建築様式をよく留めています。極彩色に彩られた権現造の社殿を数多くの彫刻群が飾っていて、なかでも名工・左甚五《ひだりじんご》郎《ろう》作といわれている「子宝・子育ての虎」「つなぎの龍」や、「お元気三猿」「北辰《ほくしん》の梟《ふくろう》」は、その意味や伝説と共に見事な造形美を楽しめま

社殿は一目見ただけでその姿に圧倒される。宴を開く七福神や霊獣たちの奥に、一際異彩を放つ虎たちの姿

す。特に当社の知恵の神の力を象徴するのが、本殿北側中央に彫刻された「北辰の梟《ふくろう》」。「北辰」とは、天の光をつかさどる妙見様との縁を表しています。梟は世界的にも知恵の象徴とされている霊鳥ですが、同時に八意思兼神の神使でもあるのです。

毎年12月に行われる例祭は、「秩父夜祭」として京都の祇園祭、飛騨高山祭と共に日本3大曳山祭の1つに数えられています。平成28年には、ユネスコの世界無形文化遺産に登録されました。

ご利益―厄除け、学業成就など
創建―紀元前87年
社殿形式―権現造
アクセス―秩父鉄道「秩父」駅より徒歩3分
参拝時間―6時―20時
電話番号―0494-22-0262

秩父駅からほど近い秩父神社へは、道路に面した大きな鳥居と狛犬が目印

手水舎の柱にも細かな彫刻があしらわれ、
参拝客の目を楽しませる

1592年に徳川家康が寄進した本殿は、埼玉県の有形文化財に指定

手水舎の屋根をよく見れば、波間に亀が泳ぐ

色彩豊かな装飾が社殿の全てを覆い尽くす

「お元気三猿」。日光の三猿が「見ざる・言わざる・聞かざる」なのに対し、
秩父神社の三猿は「よく見て・よく聞いて・よく話す」

左甚五郎作「つなぎの龍」。この龍を鎖でつないだところ、近くの天ヶ池に住みつき暴れていた龍が出なくなったという伝説も

左甚五郎作「子宝・子育ての虎」。母虎が豹柄なのは、
虎が良く知られていなかった当時、豹はメスの虎だと考えられていたためという説も

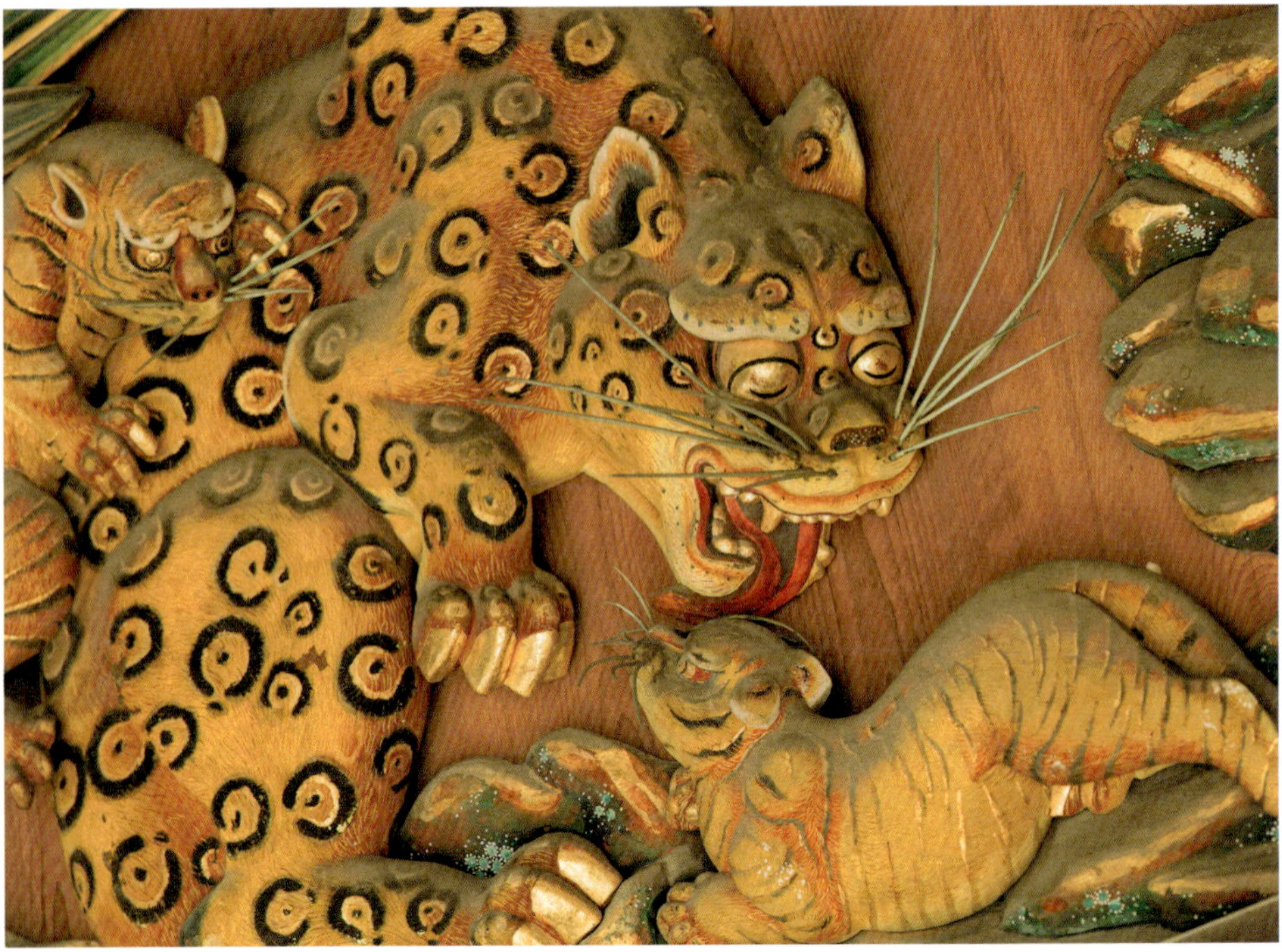

命を授ける名匠の技巧に息を呑む一瞬

拝殿にかけられた額の周囲には、
縁起物の鶴と亀がダイナミックかつ巧みに配置されている

本殿の後面を守る「北辰の梟」。体は正面の本殿を向き、
頭は正反対の真北を向いて、昼夜を問わず祭神を守っている

拝殿を彩る霊獣たちは、
どれも眼光鋭く迫力満点の表情

こんな見どころも

柞《なら》の禊川《みそぎがわ》

『小倉百人一首』にも詠まれた夏の風物、楢の禊川にちなんで名づけられた川です。水につけると文字が浮かびあがる「水占い」が参拝客に大人気。傍にはご神木である大銀杏が立っています。

神奈川・伊勢原 ❖ 霊峰・大山に参り 江戸の文化に思いをはせる

大《おお》山《やま》阿《あ》夫《ふ》利《り》神《じん》社《じゃ》

【三つ巴】

大山祇大神《おおやまつみのおおかみ》
高龗神《たかおかみのかみ》
大雷神《おおいかづちのかみ》

大山阿夫利神社の「阿夫利」とは、丹沢山系東端にそびえる霊峰、大山が別名「雨降山《あめふりやま》」とも呼ばれていたことに由来しています。名前の通り古くから雨乞いの神と崇められ、その信仰は関東一円に広がりました。

ご祭神は、山の神の大山祇大神《おおやまつみのおおかみ》、水の神の高龗神《たかおかみのかみ》、雷神の大雷神《おおいかづちのかみ》。創建は、今から2200年ほど前の第10代崇神天皇の御代と伝わっています。奈良時代以降は神仏習合の霊山として栄え、『延喜式』にもその名前が記されています。武家政権の時代には、源頼朝をはじめ北条氏、徳川家代々の将軍などの篤い崇敬を受けました。また庶民からの信仰も篤く、江戸時代に流行した「大山詣《まい》り」は日本遺産として現代にも受け継がれています。同時に、ご祭神である大山祇大神が富士山本宮浅間大《ふじさんほんぐうせんげんたい》社《しゃ》のご祭神である木花咲耶姫命《このはなさくやひめのみこと》の父神にあたることから、江戸期には大山と富士山を登拝する「両詣り」も盛んに行われました。

当社は本社と下社に分かれており、

下社までは男坂・女坂を徒歩で登るほか、大山ケーブルカーで登ることもできる

山の中腹にあるのは下社の社殿。本社（と奥社）は大山山頂に位置しています。下社は、拝殿と本殿の間に地下巡拝道があるという変わったつくり。その中にはこんこんと湧き出る「大山名水の神泉」や、源頼朝がはじまりといわれる文化「納太刀《おさめだち》」で奉納された巨大な木太刀などの見どころがあります。そして拝殿左手の登拝門の先には、本社へと続く急で険しい参道（本坂）。本社に到達すれば、眼前には相模湾の大パノラマが広がります。

ご利益―火災・盗難除け、仕事運
創建―紀元前97年
社殿形式―入母屋造（下社）
アクセス―小田急線「伊勢原」駅より
バス25分、徒歩15分、
ケーブルカー6分
参拝時間―自由
電話番号―0463-95-2006

雨降らしの神　湧き出る名水の　恵みに触れて

富士山との深い縁から、特別に富士山の岩が使われた獅子岩

胡麻焚きは神仏習合の名残。煙は大山の頂へのぼっていく

大山の中腹に位置する下社から、大山のなだらかな稜線をあおぎ見る

地下巡礼道の大山名水。水神の象徴である龍の口から湧き出す冷たい清水を、登山に備えて汲む人も多い

こんな見どころも

奥宮《おくみや》

登拝門をくぐる前に、まず自分で身体を清め祓います。登山道には龍神が現れたという伝説が残る二重社（滝）があり、聖域と呼ぶに相応しい清らかな空気。山頂からは、相模湾はもちろん富士山を望むことができます。

神奈川・鎌倉 ❖ 古都鎌倉にたたずむ ひそやかな天神の社

荏《え》柄《がら》天《てん》神《じん》社《しゃ》

荏柄天神社は、閑静な住宅街のなか、周囲より7メートルほど高くなった丘陵地にある神社。源頼朝が鎌倉に入る前からこの地に祀られ、鶴岡八幡宮と並ぶ鎌倉では屈指の古社です。古くから福岡の太宰府天満《だざいふてんまん》宮《ぐう》、京都の北野《きたの》天満宮《てんまんぐう》と共に日本3古天神の1つにも数えられます。

神社縁起によれば、創建は平安中期の長治元年（1104）。ある日、空から雷とともに道真公の姿絵（肖像画）が降りてきて、畏敬の念を抱いた里人がこれを祀ったのが当社の起源として伝わっています。治承4年（1180）、鎌倉の地に幕府を開いた源頼朝は、当社を幕府の鬼門（北東）の守護神として崇敬し、社殿を新しく造営。以降、小田原城主・北条氏康《ほうじょううじやす》、徳川家康など時の天下人からの信仰を集めました。

当社で祀られているご祭神の菅原《すがわら》道真公《みちざねこう》（845―903）は、現在では学問の神として全国各地で信仰される神様。拝殿の両脇には、学業成就を願う参拝者からの絵馬が鈴な

【梅鉢】

菅原道真公《すがわらみちざねこう》

住宅街から細い石段をのぼると広がる慎ましやかな境内。葉のこすれる音と鈴の音がつくる穏やかな空間は、隠れ里のよう

りになっています。

神社境内は国の史跡、本殿は重要文化財にそれぞれ指定されています。現存の本殿は、元和8年（1622）の鶴岡八幡宮若宮の社殿造営に伴い、若宮の旧本殿を移築したもの。その建築年代は鎌倉後期にもさかのぼり、鎌倉で最も古い貴重な建築物とされています。また、ご神木の大銀杏は神社の創建と同じころに植えられたものと考えられ、樹齢は約900年。鎌倉で最大の銀杏が、秋には美しく金色に色づいて参拝者をつつみこみます。

ご利益——学業成就
創建——1104年
本殿形式—三間社流造
アクセス—JR「鎌倉」駅よりバス8分
参拝時間—8時30分—16時30分
電話番号—0467-25-1772

静かな祈りを受け入れる清楚なたたずまい

いくつもの小さな鈴が、参拝のたびに
シャラシャラと繊細な音色をひびかせる

参道に植えられた二本のビャクシンは
自然と交差し、神域を守る番人にも見える

両脇の小高い土地からは社殿の全景を見ることができる。銅版葺の本殿は三間社としては大型で、拝殿とはまた異なる印象

社頭には、学業成就の祈願をする人々や、お礼の絵馬の奉納が絶えない

こんな見どころも

絵《え》筆《ふで》塚《づか》

拝殿の左手には、漫画家の清水崑《しみずこん》氏愛用の絵筆を納めたかっぱ筆塚と、漫画家横山隆一氏らによって建立された絵筆塚があります。絵筆塚には錚々たる漫画家の個性豊かなかっぱが描かれ、思わず上から下まで丹念に眺めてしまいます。

大迫力の銀杏は、慎ましやかな当社をどっしりと支える大黒柱のよう

茨城・鹿嶋 ❖ 勝利をもたらす武神が座する 聖なる森

鹿《か》島《しま》神《じん》宮《ぐう》

【三つ巴と五三の菊】

武甕槌大神《たけみかづちのおおかみ》

常陸国《ひたちのくに》一之宮の格式を持つ鹿島神宮は、古来、香取神宮と並ぶ東国の大社として尊崇され、関東を中心に東北、中部地方などに広がっている鹿島信仰の総本宮です。ご祭神は、国譲りの神話で活躍する剣神・武神の武甕槌大神《たけみかづちのおおかみ》。一般には鹿島神《かしまのかみ》、鹿島さまとして親しまれています。

社伝では、神武天皇が即位した皇紀元年（前660）、当地に鹿島神を祀ったことがはじまりとされています。古代には、東国遠征の拠点を守護する軍神として朝廷の篤い崇敬を受け、中世から近世には、源頼朝、徳川家康など武将の尊崇を集めました。特に近世には武道の神、剣術家の守護神としての霊験が広まり、鹿島新当流などの剣術流派を生んだ兵法剣術の聖地に。現在は、武道・スポーツ上達、商売、芸能、安産、農漁業守護、それに縁結びの神としても人気があります。

社殿は全国でも珍しい北向きの配置（御神体は東向きに鎮座）で、現在の社殿は2代将軍徳川秀忠により寄

白木のままの幣殿と拝殿は慎ましやかで端正な佇まい。本殿や石の間とともに江戸時代初期、徳川秀忠の命により造営されたもの

進されたもの。本殿は三間社流造ですが、全体は権現造となっています。この社殿のほか、摂社奥宮本殿、仮殿、水戸初代藩主徳川頼房《よりふさ》が寄進した楼門などが国の重要文化財に指定されています。東京ドーム15個分の広大な社叢には生育南限と北限の植物が混ざる600種以上の樹木が茂り、その奥には、家康が関ケ原合戦勝利の謝礼に寄進した奥宮、鹿園、地震を引き起こす大鯰を押さえつけているという「要石」などがあります。

ご利益――武運必勝、芸事上達、縁結び
創建――前660年
社殿形式――権現造（本殿・流造）
アクセス――JR鹿島線「鹿島神宮」駅より徒歩10分
参拝時間――自由
電話番号――0299-82-1209

楼門は日本３大楼門の１つに数えられ、国の重要文化財にもなっている

「取り次ぎの神」の健葉槌神（たけはづちのかみ）を祀る高房社。本宮の前に参拝する習わし

本殿は北、御神体は東を向いており、出雲大社と対になっている。幣殿・拝殿に対して黒漆塗りに極彩色が施された豪華な意匠

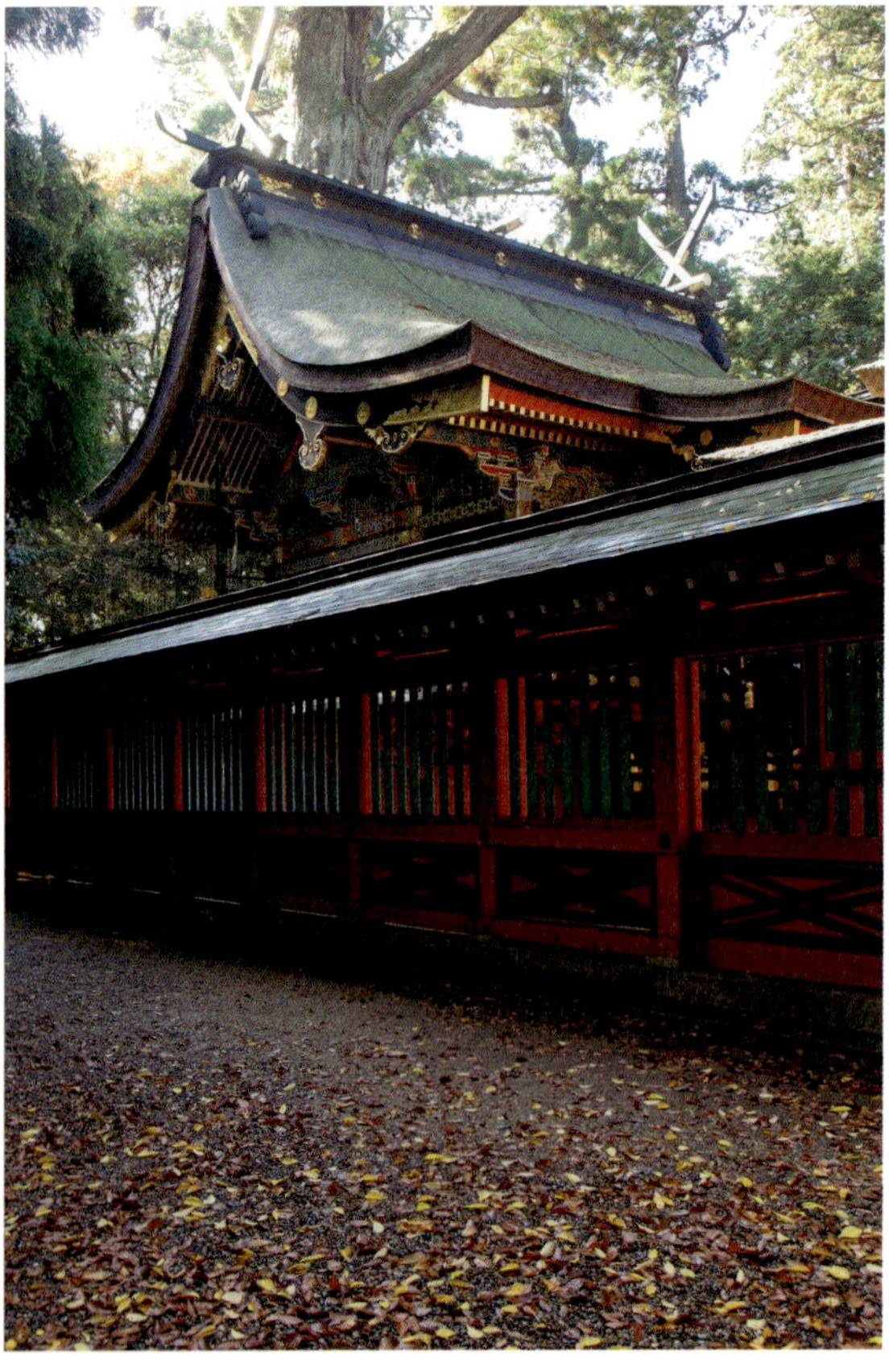

ゆるぎない威風堂々の姿に圧倒される

要石《かなめいし》

境内の東側にあるのが、直径30センチほどの「要石」。香取神宮にある要石と双方で地震を起こす大鯰の頭と尾を押さえつけているという言い伝えがあります。

一之鳥居《いちのとりい》

大船津の鰐川《わにがわ》に、水上鳥居としては国内最大級の西の一之鳥居が建っています。鰐川は古来より神宮参拝者の船着場であるとともに、12年ごとの午年に行われる御船祭りの舞台でもあります。

御手洗池《みたらしいけ》

御手洗池の湧水は1日に40万リットルを超え、水底は一面見渡せるほど澄みわたっています。昔は参拝する前にここで禊をしていたそう。現在でも、年始に約２００人の人々が大寒禊を行います。

栃木・真岡 ❖ 真岡の地に根付いた二福神を慕う民間信仰の社

大《おお》前《さき》神《じん》社《じゃ》

【左三つ巴】

大国主神《おおくにぬしのかみ》
事代主神《ことしろぬしのかみ》

鎮守の森の参道や荘厳な社殿を包む、五行川のせせらぎの音。その中に建つ大前神社は、約1500年前、雄略天皇の御世に殖産開拓の神様を祀ったのがはじまり。奈良時代の神護景雲元年（767）に社殿が再建された記録が残っていて、平安時代の『延喜式』にも記載されている由緒ある古社です。古くは平将門が戦勝祈願に訪れたり、二宮尊徳《にのみやそんとく》は境内の禊所《みそぎどころ》にこもって大前堰《おおさきぜき》を改修するなど、歴史上の人物の逸話も多く伝えられています。

ご祭神は、大いなる福をもたらすとされる大国主神（だいこく様）と息子の事代主神（えびす様）の「二福神」。家内安全・健康・縁結び、商売繁盛、災難除けなどの神様として信仰を集めています。

権現造に共通する複合社殿形式の本殿、拝殿及び幣殿は、平成30年12月に国の重要文化財に指定されたばかり。特に本殿は、5代将軍徳川綱吉の時代、宝永4年（1707）に、日光東照宮を造替した彫刻師直系の

本殿の壁部分は、装飾されていない部分がないかと思うほどびっしりと装飾がほどこされている

藤田孫平治《ふじたまごへいじ》を棟梁として造営されました。彫刻師・島村円哲《しまむらえんてつ》による組物の彫刻や、柱や壁にまで施された幾何学的意匠の地彫りが見どころ。その彩色の素晴らしさが、同時代の中央権力による造営ではない、民間信仰の装飾的な神社建築の先駆けとして高い価値を認められたのです。

また、大前神社若宮社の大前恵比《おおさきえび》寿神社《すじんじゃ》は、金色の鯉を抱えたえびす様の日本一の巨大神像がシンボル。宝くじ当選祈願、金運アップのパワースポットとして人気です。

ご利益——家内安全、健康、縁結び、商売繁盛、災難除けなど
創建——767年
社殿形式——複合社殿（本殿・入母屋造）
アクセス——真岡鉄道「北真岡」駅より徒歩15分
参拝時間——自由
電話番号——0285-82-2509

神社のすぐそばを流れる五行川。釣り人も集う穏やかな風景

境内の狛犬は安産の前掛けをつけて、
子犬のような愛らしさ

拝殿の正面には向かい合う二色の龍。
だいこく様とえびす様もにこやかに参拝者を迎える

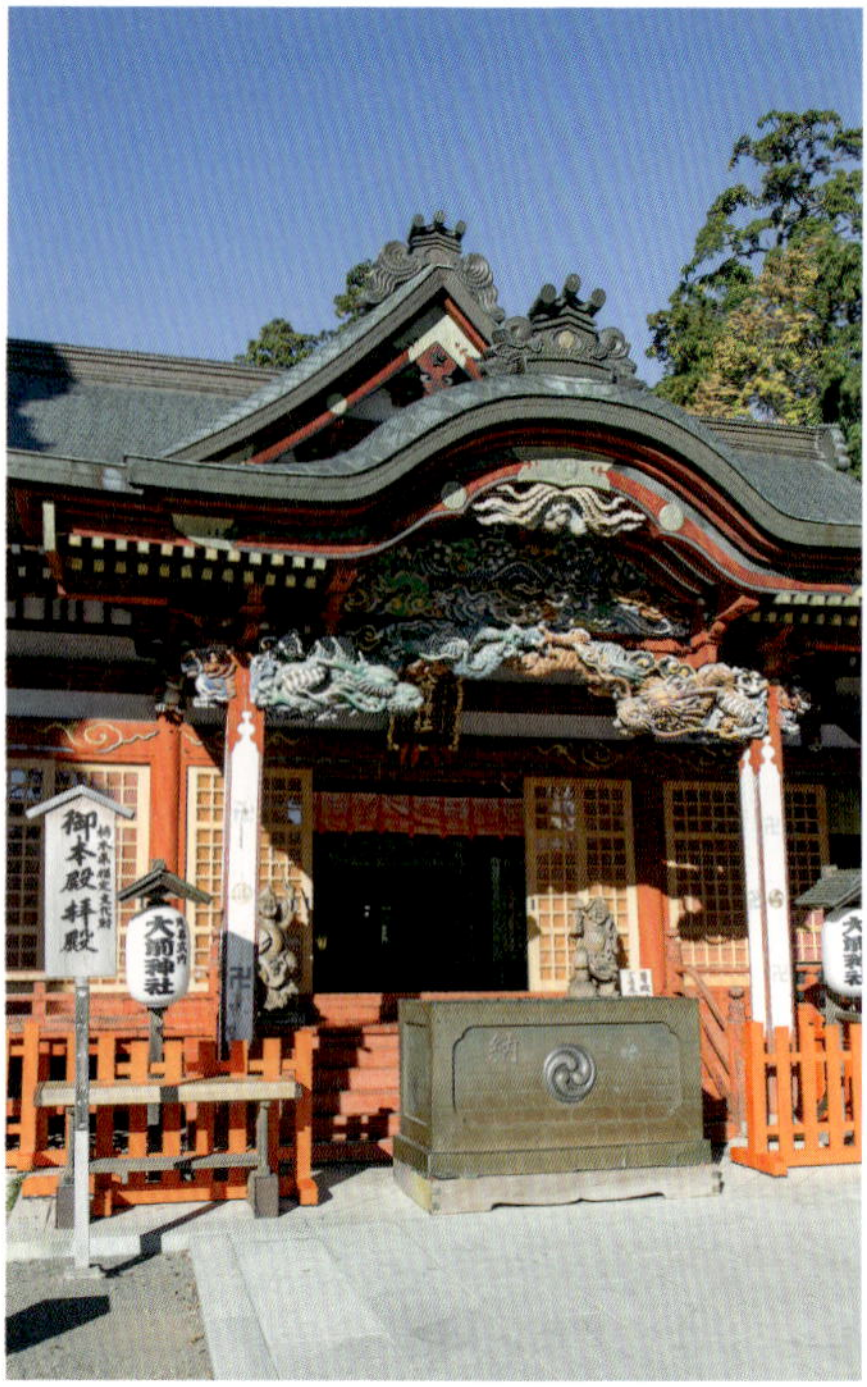

参道の先に建つ両部鳥居。両脇に、稚児柱と呼ばれる４本の足が付くのが特徴

拝殿の広縁部分には迫力の鯉の天井画。
一つ奥には龍が描かれ、昇殿できる
身分の差を表しているとされる

社紋の三つ巴と
神使の鯉をあわせ、
近年デザインされたマーク

神の使い 鯉は川をのぼり いつか龍になる

四季折々にささげられる花を描いた天井画。手前は夏のあやめ

壁の地彫りは、色ごとだけでなく東・西・北の各面で
模様が異なるという手の込みよう。
下の写真と比べると一目瞭然

北面の壁。赤の部分は
紗綾型という文様

本殿正面に彫られた、泳ぐ鯉と仙人の姿

緻密な技芸へ昇華した神を敬う心

龍をはじめ、
水に関係する動物を
あしらうのは
火難除けのため

本殿正面の頭上に彫られた
すごみのある龍に守られ、
毎年鳥が巣をつくる

拝殿内部より本殿をのぞむ。
正面扉の紋をよく見ると
それぞれ巴紋が向き合っている

埼玉・大宮❖水と緑豊かな大宮に座する 武蔵国の総鎮守

武蔵《むさし》一宮《いちのみや》氷《ひ》川《かわ》神《じん》社《じゃ》

【八雲】

須佐之男命《すさのおのみこと》
稲田姫命《いなだひめのみこと》
大己貴命《おおなむちのみこと》

参道入口の一の鳥居から拝殿まで、約2キロにわたって続く一直線のケヤキ並木。昔の中山道と神社を結んでいたもので、直線参道としては日本一の長さです。

　神池《かみいけ》を含む約3万坪の広々とした境内が広がる武蔵一宮氷川神社は、武蔵国総鎮守で旧武蔵国の荒川流域を中心として約280社が分布する氷川信仰の総本社です。ご祭神は、八岐大蛇《やまたのおろち》退治の英雄として知られる須佐之男命《すさのおのみこと》・稲田姫命《いなだひめのみこと》の夫婦神と、息子で国土経営の神の大己貴命《おおなむちのみこと》（大国主命）。社記によれば、第5代孝昭天皇3年（472）の創建と伝わります。厄除け、家内安全、縁結び、身体健康などの霊験あらたかな神さまとして多くの参拝者を集め、毎年の初詣の人出は県内1の200万人を超えます。

「八雲」と呼ばれる神紋は、日本郵船の「氷川丸」の内装にも使われている紋。初めて和歌を読んだ神様である須佐之男命の歌にちなみ、何重にも重ねられた雲を表します。

　印象的な朱塗りの大きな楼門、その楼門からのびる回廊で敷地を囲み、軸線上に舞殿《ぶでん》を置いた端整な社殿配置は、一宮にふさわしい威厳ある佇まい。社殿の装飾は比較的質素ですが重厚感があり、背後の鬱蒼とした社叢と一体となって神聖な空気がただよいます。

　境内には、稲田姫尊の両親の足摩乳命《あしなづちのみこと》・手摩乳命《てなづちのみこと》を祀り、4代将軍徳川家綱が造営した1667年の社殿が残るという門客人《もんきゃくじん》神社など13社の摂末社があります。

ご利益――縁結び、仕事運など
創建――472年
本殿形式――流造
アクセス――JR「大宮」駅より徒歩15分
参拝時間――**春・秋**：5時30分―17時30分
夏：5時―18時
冬：6時―17時
電話番号――048-641-0137

正面に控える舞殿から拝殿を望む。毎年8月1日の例祭では、東遊(あずまあそび)の舞が奉納される

自然豊かな境内をすすみ、神池を越えて楼門をくぐる。
ゆったりとした空気ががらりと変わり引き締まるのを感じる

拝殿より本殿をのぞむ。祈りの空間には
ぴんと張り詰めた緊張感が漂う

柔らかな空気漂う八雲に守られた理想郷

銅版葺流造の本殿。美しく砂利がひかれ、
水面に浮かんでいるようにも見える

当社の八雲は、中央に神池の象徴として
水草があしらわれているのが特徴

二の鳥居そばの灯篭の台座には、
雨宿りをするかのような小さな狛犬が

❖こんな見どころも❖

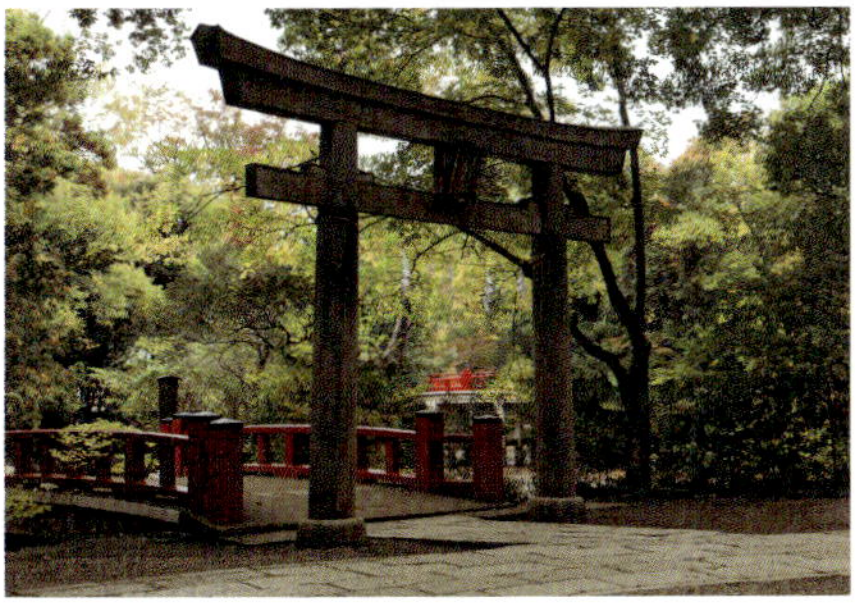

神池《かみいけ》・蛇《じゃ》の池《いけ》

当社の象徴のひとつでもあり、参拝客の心を清らかにする神池。その水源をたどっていくと、社殿の左奥の蛇の池にたどりつきます。当社の原点とも言える水のせせらぎに耳をすませば、この地で培われてきた営みの歴史が思い浮かぶようです。

東京・亀戸❖下町情緒あふれる町に 学芸の神様を訪ねて

亀戸天神社《かめいどてんじんしゃ》

【変わり剣梅鉢】

天満大神《てんまおおかみ》
天菩日命《あめのほひのみこと》

昔から「亀戸の天神さま」と呼ばれて親しまれてきた亀戸天神社。九州の太宰府天満宮《だざいふてんまんぐう》より神霊を勧請したことから、「東宰府天満宮」あるいは「亀戸宰府天満宮」とも称されていました。ご祭神は、天満大神《てんまおおかみ》（菅原道真公）と、菅原家の祖先である天菩日命《あめのほひのみこと》。出世開運、金運、商売繁盛などの祈願とともに、とくに学業成就の神様として人気で、境内には合格祈願の絵馬があふれんばかりに並んでいます。

当社の創建は、正保3年（1646）。太宰府天満宮の神官をつとめた道真の末裔《まつえい》が、江戸の本所亀戸村の小祠に、菅公ゆかりの飛び梅の枝で彫刻した神像を祀ったのがはじまりです。江戸初期の寛文2年（1662）、天神様を篤く信仰していた4代将軍徳川家綱によって今の社地を与えられ、太宰府天満宮にならう形で社殿、回廊、心字池、太鼓橋を造営しました。

正門の鳥居をくぐると、心字池《しんじいけ》に架かる太鼓橋（男橋）、平橋、太鼓橋（女橋）の3本の橋を渡って社殿へと近づいていきます。これはそれぞれが過去・現在・未来をさし、参道を人の一生に見立てたもの（三世一念の理）。さらに2月には梅、4月には藤の花が参拝の道のりを美しく彩ります。境内は広く、鷽《うそ》の碑や琴柱灯篭《ことじどうろう》に五歳菅公像、御神牛（撫で牛）や飛梅の実生を祀る紅梅殿など見どころも随所にあるので、参拝のあとはゆっくり訪ねながら様々な角度で心字池や太鼓橋の風情を眺めるのも一興です。

ご利益──学業成就、開運、金運、商売繁盛
創建──1162年
社殿形式──八棟造
アクセス──JR総武線「亀戸」駅より徒歩15分
参拝時間──自由
電話番号──03-3681-0010

優美でやわらかな曲線が特徴の琴柱灯篭。琴の弦を支える部品に形が似ていることからその名前がつけられた

昨年の凶事を鷽=嘘に変えて、
今年の幸運を祈願する、
1月の「うそかえ神事」

揺れる水面と花を楽しむ穏やかな参道

社殿は、複雑に組み合わせたように見える屋根が特徴の八棟造。
その向こうに、下町のランドマーク・東京スカイツリーを望む

未来を意味する最初の太鼓橋(女橋)。参拝の前と後では、印象が変わって見える

触れることで病を治し、知恵を授けるといわれる神牛。
多くの参拝者が頭をなでてきたことがうかがえる

境内に立つ、幼年の菅原道真公の像。
5歳にして、庭の紅梅を和歌に詠んだといわれる

❖こんな見どころも❖

紅梅殿《こうばいでん》

菅原道真が大宰府へと左遷された時、愛情をかけて育てていた梅の木が主人を追って飛んできた、という飛梅伝説にちなみ、梅は道真の象徴とされました。ここには、その飛梅の実が祀られています。

東京・根津❖江戸の香りただよう 強く美しいつつじの杜

根《ね》津《づ》神《じん》社《じゃ》

谷中・千駄木から続く風情あふれる下町に広大な敷地を持つ根津神社。権現造の完成形とされる豪壮な社殿と、「つつじヶ岡」と呼ばれるつつじの名所で知られます。ご祭神は、

防災除疫の神の須佐之男命《すさのおのみこと》、山の神の大山咋命《おおやまくいのみこと》、八幡神の誉田別命《ほんだわけのみこと》の三柱を祀っています。

当社は今から1900年余りの昔、日本武尊《やまとたけるのみこと》が千駄木の地に開いた古社が起源とされています。元は5代将軍徳川綱吉《つなよし》の兄、甲府藩主綱重《つなしげ》の屋敷であった現在の位置に遷座したのは江戸時代のこと。綱重の子・綱《つな》豊《とよ》（のちの家宣《いえのぶ》）が6代目将軍に指名された際、その生誕地を氏神である根津神社に献納し、社殿を造営して千駄木から遷座しました。

当代の名工・巨匠の技術を結集したいわゆる「天下普請」により宝永3年（1706）に完成した現在の社殿。権現造の本殿・幣殿・拝殿、唐門・西門・透塀《すきべい》・楼門の7棟すべてが竣工当時のまま現存し、国の重要文化財に指定されています。江戸

【捻卍】

須佐之男命《すさのおのみこと》
大山咋命《おおやまくいのみこと》
誉田別命《ほんだわけのみこと》

落ち着いた朱色に、金の飾り金具や黒漆の建具が美しく映える拝殿。優雅さとともに、参拝客を受け止める母性のような強さをあわせ持つ

時代の神社建築として最大規模の堂々とした風格を見せる社殿は、洗練された雰囲気を漂わせます。

社紋は捻卍《ねじまんじ》、丸卍とも呼ばれる紋。寺の卍と神社の三つ巴を足し合わせて作られたといい、神仏習合の名残が感じられます。本社のほかにも、千本鳥居と縁結びのご利益で女性に人気の乙女《おとめ》稲荷《いなり》神社など見どころは多く、参拝の後もゆっくりと江戸情緒にひたりながら、穏やかな時間を過ごすことができます。

ご利益—厄除け開運、商売繁盛、縁結びなど
創建—約1900年前
本殿形式—権現造
アクセス—東京メトロ千代田線「根津」駅より徒歩10分
参拝時間—6時—17時（季節によって異なる）
電話番号—03-3822-0753

社殿や門には、垂木や破風の
いたるところに卍の紋が使われている

境内の木々や石畳が、端正な透塀を引き立てる

下町に咲く たおやかな 朱の盛り花

ゆるやかにカーブする参道と太鼓橋の先に、凛としたたたずまいの楼門が現れる

社殿の正面に備えられた蔀戸が、日本建築らしい優美な開放感を感じさせる

乙女《おとめ》稲荷《いなり》神社《じんじゃ》

異世界へと誘うように連なる華やかな千本鳥居。つつじヶ岡に穿たれた洞窟を中央に据え、お稲荷様を祀る小さな社殿からは本社の美しい姿も一望できます。古くから女性の守り神として知られ、今も良縁をのぞむ参拝客が絶えません。

コラム 三

参拝のきほん

今さら人に聞けない、参拝のマナーをおさらい。ただし、特別な参拝方法を定めている神社もあります。

一、まずは鳥居で一礼

鳥居は神聖な境内への入口。くぐる前に軽く一礼し、参道を進むときは神さまの通り道とされる真ん中（正中）を避けて左右を歩くのがベストです。

二、手水舎で身を清める

参拝の前に、水で心身を浄化します。まずは右手で柄杓を持って水盤の水を汲み、左手、右手の順に洗います。次に柄杓から左の手のひらに水をためたら、口をすすぎ、最後に左手をすすぎます。

三、心をこめて参拝

「二拝二拍手一拝」というのが基本的な作法です。鈴があれば鳴らしてから二回おじぎをし、拍手を二回してお祈り。最後にもう一度、丁寧におじぎをします。

コラム 四

詳しく知りたい神社用語

神社でよく耳にする、ちょっと難しい言葉。これが分かれば、神社にぐっと詳しくなれます。

一、「社紋・神紋」は神社の象徴

神社で用いられている紋章には、ご祭神や神社と関わりの深い植物、祭具、伝説、家紋などさまざまな由来があり、社殿や授与品など各所にデザインされているのが楽しめます。

二、「延《えん》喜《ぎ》式《しき》」は格式の証

平安初期の法律書。その中の神名帳《じんみょうちょう》に名前が登録されている神社を「式内社《しきないしゃ》」といい、古代から朝廷にも重視されていた格式の高さを表します。

三、「御朱印」は参拝の印

神社に参拝した証としていただく参拝証明。社寺に経典を奉納した際の「納経受け取りの書付」が、江戸時代に簡略化された形です。

参考文献

神社本庁HP
日本の神々 神社と聖地 第11巻 関東／谷川健一編／白水社
神社事典／白井英二・土岐昌訓編／東京堂出版
東京都神社名鑑／東京都神社庁編集発行
事典 神社の歴史と祭り／岡田荘司・笹生衛編／吉川弘文館
日光東照宮の謎／高藤晴俊著／講談社
文化財探訪クラブ④ 神社建築／濱島正士監修、青木義脩・松原誠司著／山川出版社

画像提供

10頁社紋　明治神宮
24頁下、26頁左中、下2枚　鶴岡八幡宮
34頁右下　日光二荒山神社
85頁中　大國魂神社
114頁社紋　鷲神宮
135頁下2枚　荏柄天神社
152頁左上　亀戸天神社

撮影・取材協力

掲載各神社、ご神職の皆様
湘南藤沢フィルム・コミッション

関東の美しい神社

2019年4月25日　初版第1刷発行

著者　戸部民夫

発行者　澤井聖一
発行所　株式会社エクスナレッジ
http://www.xknowledge.co.jp/
〒106-0032　東京都港区六本木7-2-26
問合せ先　編集［TEL］03-3403-1381
［FAX］03-3403-1345
info@xknowledge.co.jp
販売［TEL］03-3403-1321
［FAX］03-3403-1829